陈忠纯 / 著

鳌峰书院与嘉道间闽台学风变迁研究

AOFENG SHUYUAN YU
JIADAOJIAN MINTAI
XUEFENG BIANQIAN YANJIU

厦门大学出版社
XIAMEN UNIVERSITY PRESS
国家一级出版社
全国百佳图书出版单位

图书在版编目(CIP)数据

鳌峰书院与嘉道间闽台学风变迁研究/陈忠纯著.—厦门:厦门大学出版社,2019.6
ISBN 978-7-5615-7369-3

Ⅰ.①鳌…　Ⅱ.①陈…　Ⅲ.①书院—历史—研究—福州　Ⅳ.①G649.299.571

中国版本图书馆 CIP 数据核字(2019)第 065227 号

出 版 人	郑文礼
责任编辑	高　健

出版发行 厦门大孝出版社

社　　址	厦门市软件园二期望海路 39 号
邮政编码	361008
总 编 办	0592-2182177　0592-2181406(传真)
营销中心	0592-2184458　0592-2181365
网　　址	http://www.xmupress.com
邮　　箱	xmup@xmupress.com
印　　刷	厦门集大印刷厂

开本	720 mm×1 000 mm　1/16
印张	11.75
插页	1
字数	168 千字
版次	2019 年 6 月第 1 版
印次	2019 年 6 月第 1 次印刷
定价	60.00 元

本书如有印装质量问题请直接寄承印厂调换

厦门大学出版社
微信二维码

厦门大学出版社
微博二维码

目　录

第一章　导　言

  书院创始于唐，盛行于宋、元、明，至于清又呈新的特征。清代书院在官方的扶持下，达到其历史上的鼎盛时期。其数量之多，覆盖之广，远出于其他朝代。清初所设书院，大多承宋明之余绪，以讲理学为务。后随程朱理学势衰，以及书院官学化、科举化，书院渐失原有讲求义理、修身力行的功能。乾嘉之际，随着朴学的兴起，书院也承担起培养朴学人才、传播专门之学的职能。许多学者依赖在书院的教职维持生计，同时利用书院的有利条件从事学术研究，传播学业。学术与书院的关系日趋紧密。嘉庆年间阮元督学浙江，创建诂经精舍，总督两粤，创建学海堂，以考证经史为宗，兼及天算推步之学。在阮元等人的影响下，清代中叶后书院发生一个显著的变化，就是崇尚汉学的官员、学者开始有意识地利用书院扩大朴学的影响。这是近代书院制度变迁的一个重要方面，也是清代学术变迁的重要内容。[①] 因此探讨书院与学术变迁的关系有着重要的意义。

  清代书院的另一个重要变化是省会书院的普遍设立。清廷为加强对书院的引导与控制，全力把书院办学纳入官方教育体制之内，使之出现官学化的趋势。朝廷在各省省会倡建全省性的大书院，力图使这些官办书院成为书院教育的中心，并在这些书院推

---

  ① 参见谢国桢：《近代书院学校制度变迁考》，台北：文海出版社 1974 年版，第 1～2 页。

行八股制艺，或讲授程朱理学，使这些书院有着很浓的官方色彩。这些由官方扶持的大书院，资金雄厚，山长往往由本省或他省的有较大名望的宏学硕儒担任，所招收的学生也通常是在全省范围内推荐选拔的佼佼者。所以，这些书院在当地大都有着不一般的影响，尤其是在像广东、福建这样较为偏远的省份，省会书院的影响更大。这些全省性大书院成为各省书院教育的中心，并影响着各省书院教育的布局。

福建的鳌峰书院由理学名臣、时任福建巡抚张伯行在康熙四十六年（1707 年）创建。它开始就是作为全省性的大书院问世的。在张伯行的努力下，书院汇集了清初闽省学行兼优的学者生员，成为复兴闽学的重要基地。获得来自朝廷和地方巡抚学政的有力支持，鳌峰书院无论在师资、生源、资金等各方面所受的优越待遇都是闽省其他书院无法比拟的。特别是在很长的一段时间里，鳌峰书院是闽省唯一的全省性大书院，这奠定了它作为闽省文教中心的地位。有清一代鳌峰书院培养出的人才很多，其中不乏著名的闽籍官吏学者。鳌峰书院历任山长往往是颇负名望的学者，加之鳌峰书院本身的地位，使得鳌峰书院倡导的教育学术思想对本省其他书院和学者有着较大影响，从而进一步影响全省学风。鳌峰书院一直延续到清末，在学堂改革时期被改成福建法政学堂，后成为福建师范学校的前身。

此外，在经世学风的影响下，以鳌峰书院师生为代表的不少闽省官绅十分关注台湾地区的文教事业与社会民生，他们为清政府治台政策的制定与调整，以及台湾的开发做出了重要贡献。这是本书以鳌峰书院作为考察对象的重要原因。

鳌峰书院旧址

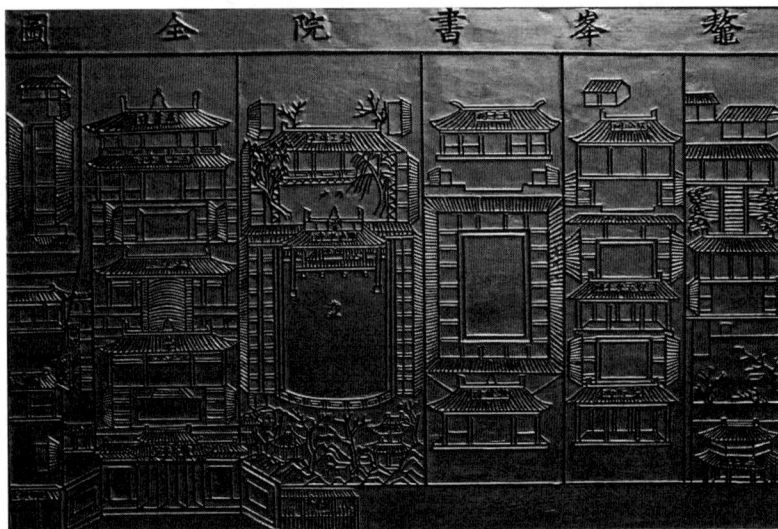

鳌峰书院全图

本书以嘉道以来鳌峰书院学风变迁为线索，探讨鳌峰书院学风所经历的转变，及其转变的背景、原因和对闽省包括台湾地区产生的影响。与全国情况类似，在乾隆末年以后，闽省社会出现种种衰败景象，台湾地区也进入社会转型的关键时期，矛盾危机层出不穷，促使闽省学者反思其原因，寻求解决之途径。在传统士人眼里，社会风俗的变化与学术人心的改变紧密相关，于是反思学术人心成为扭转危机的重要途径。因此，闽省的官员学者力图振作本省的学风，以扭转日渐颓废的社会人心。作为闽省书院文化中心的鳌峰书院，更成为改造闽省学风的重要机构。在郑光策等山长的努力下，鳌峰书院原来崇尚八股制艺的空疏学风受到批判，经世实学之风逐渐兴起。终于，嘉道间书院培养出林则徐、梁章钜、李彦章、张际亮、林昌彝等有经世思想和成就的官吏与学者。道光以后，闽省硕儒陈寿祺掌教席十一年，继续发扬经世学风，重新厘定学规，改革考课制度，悉心教导有经史考证兴趣的学生，培养出一批有考证经史之长的学生，为汉学在福建的发展起到了开创性的作用。嘉道以后，汉学逐渐在闽省传播，汉宋并重风气的形成，实有赖于陈寿祺等人的努力与提倡。另外，清代古文派在鳌峰书院也影响了一些学生。

　　长期以来，嘉道以后闽省学风变迁未能得到足够的重视，对于闽省经世思想的源流研究仍显不足，尤其汉学在闽省的传播与发展更为学者所忽视。本书力图澄清这一思想学术变迁的背景、原因与线索，阐明鳌峰书院在近代闽省学界的地位，探讨鳌峰书院学术特征的变化及其影响，对经世思潮、汉学考据、古文诗赋各种新兴学风之间的关系做初步的分析，一方面从学术思想史的角度来探讨嘉道年间闽省思想界的发展脉络，另一方面，考究书院经世之风培育下的师生对闽台社会问题的思考及回应，由此发掘出一些以往被忽略的历史问题，从而可以更为全面地看待近代前夜闽省学者的思想学术与社会实践风貌。

一、嘉道间闽省学风的变迁

嘉道间闽省学风的变迁，具体地说，主要指闽省学风由原来的朱子学一家独尊到汉宋并重、兼收并蓄新气象的转变。至今为止，对嘉道闽省学风变迁的研究主要还局限于对经世思潮崛起方面，至于汉宋并重的新风气或被学者忽视，或语焉不详。代表性的论著是高令印、陈其芳合著的《福建朱子学》[①]和徐晓望主编的《福建思想文化史纲》[②]。前者在第八章"清代末期和民国初年福建朱子学"中，把陈庆镛、林春溥等人作为朱子学的代表人物，对其在经史考据方面的成就与影响论述过少，难以反映嘉道以后闽省的学术状况。而《福建思想文化史纲》一书中提到嘉道以后闽省学风出现汉宋并重、兼收并蓄的新趋势，可惜没有作进一步的论述，语焉不详[③]。基于此，本书在搜罗嘉道以后部分学者文集基础上，试图理清上述学风变迁的脉络，并对相关历史背景做了初步的分析。笔者认为汉学在闽省的兴起，经历了一个较为漫长的历史过程，从乾隆中期萌芽开始，到道光年间陈寿祺在鳌峰书院高举汉宋兼学的旗帜，这一新的学风才逐步确立下来，此间凝聚着诸多本省官员、学者的努力。

---

① 高令印、陈其芳:《福建朱子学》，福州: 福建人民出版社 1986 年版。

② 徐晓望主编:《福建思想文化史纲》，福州: 福建教育出版社 1996 年版。

③ 徐晓望主编:《福建思想文化史纲》，福州: 福建教育出版社 1996 年版，第 220 页。

鳌峰亭

鳌峰书院 1911 年毁于大火，仅余此假山

　　汉学在闽省的兴起并非一蹴而就,中间交织着复杂的学术门户之争。围绕道光《福建通志》编撰中的体例之争就是其中汉宋学门户之争的一个体现。以往对道光《福建通志》体例之争的研究,如近人林家钟的《道光〈福建通志〉纠纷始末》等①,大都局限于对当事人之间私人恩怨的描述和分析,而未能就当时的学风背景,以及汉宋学派在道学传废立问题上的不同看法,来分析论争双方各自关于通志体例的不同主张。其实,如果检讨当时的争议内容,可以发现这个纠纷正透射出当时闽省的汉宋学门户之争。本书在探讨学风转变的影响时,试图通过对体例之争进行分析,来认识因为陈寿祺在福建倡导汉学风气而引起的汉宋学门户之争,从而能够更为全面地了解当时汉宋学两派在学风变迁时产生的矛盾与冲突。闽省的通志体例之争并非个例,曹江红的《黄宗羲与〈明史·道学传〉的废置》②、王世光的《清儒视野中的"假道学"》③都提到清代《明史·道学传》废置问题的论争,他们的论述对笔者分析闽省通志《道学传》废置的体例之争有一定的启发。

　　嘉道后闽省经世思想蔚然勃兴,这个问题以往学界已经做了较为充分的研究。笔者主要是把经世思想纳入嘉道闽省学风转变的背景下进行探讨,分析经世思潮与经史考据、古文诗赋兴起之间的关系。这样避免过去把经世思想简单等同于吏治思想的做法,更为全面地展现当时人眼中经世之学的面相。此外,闽省的经世学风对台湾地区的影响,也较少被研究者注意到,这是本书着力论述的内容之一。

　　嘉道闽省学风变迁的另一个表现是嘉道年间的闽省诗赋古文

<hr />

① 林家钟:《道光〈福建通志〉纠纷始末》,《福建史志》1988年第1期。

② 曹江红:《黄宗羲与〈明史·道学传〉的废置》,《中国社会科学院研究生院学报》2002年第1期。

③ 王世光:《清儒视野中的"假道学"》,《求索》2002年第5期。

的风气在陈寿祺等人的推动下，得到了复兴。受汉学和经世致用学风的影响，此时的古文诗赋与经世思潮和经学关系比较紧密。陈庆元的《福建文学发展史》[①]对清代中叶朱仕琇、陈寿祺等人的古文诗赋专门做了阐述。他的《乾嘉间福建的学人之诗——以陈寿祺为中心》[②]一文考察了嘉道间陈寿祺等人的诗赋特点，认为龚景瀚、萨玉衡、陈寿祺、谢震等身兼学者诗人身份，"其学皆深博无涯矣，诗亦从经术性情中流出"，陈庆元把他们的诗称为"学人之诗"，他指出宋诗派、同光派在福建的兴起与陈寿祺等人"学人之诗"的实践和诗歌理论有一定的关系。但陈庆元认为"学人之诗"在道光中后期随着张际亮等有经世思想的诗人的出现，就匆匆地结束其历史历程。笔者并不完全认同这个观点。因为"学人之诗"单从经史考据的造诣上或可以陈寿祺为巅峰，但陈寿祺等人重视经史考据功底的创作理论对闽省的影响则未必随着他们的去世就消失了。陈寿祺在清源、鳌峰书院的大力倡导，使其"学人之诗"的创作思想在空间上进一步影响了闽省诗界。更重要的是，考据学作为一门学问，在当时与经世思想并不矛盾。笔者在本书中主要叙述陈寿祺的古文诗赋创作观点，并探讨他的主张对嘉道闽省学者的影响。另外，陈寿祺等人关心社会现实与人民疾苦，其经世思想影响了张际亮、林昌彝等人。总之，通过对当时人的言论与思想的分析，我们会发现：嘉道后闽诗的崛起与陈寿祺等人的努力不无关系。

----

① 陈庆元:《福建文学发展史》，福州：福建教育出版社1996年版。

② 陈庆元:《乾嘉间福建的学人之诗——以陈寿祺为中心》，《福建师范大学学报》（哲学社会科学版）1996年第2期。

鳌峰书院史迹浮雕

二、鳌峰书院学术特征的转变及其对闽台地区的影响

1. 鳌峰书院学术特征的转变

笔者所见以往对鳌峰书院研究的论著不多。刘海峰、庄明水合著的《福建教育史》①一书从教育史的角度研究了鳌峰书院对福建学者的影响。书中把鳌峰书院作为"书院科举化"的典型加以研究，却忽视了各位山长力图对过于注重八股制艺的学风加以厘正的努力，而且其中对于陈寿祺对书院科举化现象的态度的论述也相对简单。许维勤的《论鳌峰书院及其对闽台教育文化的影响——兼及闽台学缘》②《鳌峰书院的学术传统及其对林则徐的滋养》③《鳌峰书院与清代福建理学的复兴》④三文，其一重提了鳌峰书院在闽台教育文化方面所起到的突出作用与影响，使读者对鳌峰书院有个整体的认识，其二论述鳌峰书院对林则徐的影响，其三则讨论了鳌峰书院与清代福建理学的关系，认为书院学术曾经历重宋学、重汉学、倡实学的变化，但始终贯彻注重人格养成、学行并重的主线。此外，其余有关鳌峰书院的文章大都不是研究性的学术作品。对鳌峰书院学术特征进行专门探讨的论

① 刘海峰、庄明水：《福建教育史》，福州：福建教育出版社1996年版。
② 许维勤：《论鳌峰书院及其对闽台教育文化的影响——兼及闽台学缘》，《福建论坛》（文史哲版）2000年第6期。
③ 许维勤：《鳌峰书院的学术传统及其对林则徐的滋养》，《清史研究》2007年第3期。
④ 许维勤：《鳌峰书院与清代福建理学的复兴》，《闽江学院学报》2012年第6期。

著还未见到。① 由此，笔者从嘉道年间游光绎总纂的《鳌峰书院志》、来锡蕃主编的《鳌峰书院纪略》等原始资料出发，参考嘉道间主要的几任山长的文集（以郑光策、陈寿祺的文集为主），以及其他出身鳌峰书院的学者的著述，对嘉道间鳌峰书院学术特征的转变进行研究与分析，并探讨其与嘉道间闽省学风变迁之间的关系。嘉道间鳌峰书院学术特征的转变体现在经世致用思潮的蔚然成风、经史考据之学的兴起、古文诗赋之风的勃兴等。这里面包含着山长的力倡与身体力行、书院考课等制度的改革等诸方面，本书力求阐明这一历史变迁的情况。②

2. 鳌峰书院学术特征转变对闽台地区的影响

这里涉及对书院与学术的关系的认识。书院不仅具有培养人才的职能，而且具有传承、发展文化与学术的职能。清代书院与学术的关系是清代学术思想研究的一个重要内容。清中晚期阮元等人通过书院教育渠道整合汉学力量，为汉学在各地传播起到很大的推动作用，很多学者对此都有论述。王建梁的《清代书院与汉学的互动研究》总结了以往有关课题的研究成果。该文认为汉学与书院的互动作用表现在：书院通过培养人才，造就大师，形成学派，刊

---

① 近几年陆续有数篇研究鳌峰书院的演变、经世学风以及藏书等问题的论著发表，如肖满省、卢翠琬：《鳌峰书院经世致用思想及其现代意义》，《闽江学院学报》2012 年第 3 期；王胜军：《〈正谊堂全书〉编刻与鳌峰书院关系考论》，《江西教育学院学报》2013 年第 2 期；王易：《清代福州鳌峰书院研究》，福建师范大学硕士学位论文，2010 年；陈萍：《清代福州鳌峰书院藏书研究》，福建师范大学硕士学位论文，2013 年，等等。

② 曾有学者对几乎同时代的诂经精舍的文学教学活动做了考察，指出里面存在明显的朴学倾向，这对笔者分析鳌峰书院的诗赋古文等文学教学活动有一定的启发。参见宋巧燕：《诂经精舍的文学教学》，《湖南大学学报》（社会科学版）2003 年第 3 期。

行书籍，传播汉学，而汉学进入书院，开创了书院的新风气，且分斋课士成为近代教育形成的一个契机。[①] 这种互动作用在鳌峰书院与福建汉学兴起的关系中也有部分的体现。另外，艾尔曼的《从理学到朴学——中华帝国晚期思想与社会变化面面观》[②] 对书院与汉学的相互关系进行深入的论述，他在《经学、政治和宗族——中华帝国晚期常州今文学派研究》中追溯了常州今文学派兴起的历史背景，指出："历史的脉络没有决定他们的行动，但是的确有助于我们理解他们为什么会有那些言论。"[③] 这一思路对本书的写作颇有启发。此外，本书还参考了李国钧主编的《中国书院史》第十一章"乾嘉学派与诂经精舍、学海堂"[④]，谢国桢的《近代书院学校制度变迁考》[⑤]，杨念群的《儒学地域化的近代形态——三大知识群体互动的比较研究》[⑥] 等论著。

具体到分析鳌峰书院学风变迁的影响，首先，必须阐明鳌峰书院作为闽省书院教育中心的地位与作用。林拓的博士论文《福建文化地域性研究》上篇"地域层级与文化中心——以学术形态为核心展开的研究"，从文化地域学的角度研究了福建地域学术文化的宏观变迁过程。他认为清代福州作为文化中心的地位在近代以前就最终确定了，而鳌峰书院作为书院文化的中心之一，对

---

① 王建梁:《清代书院与汉学的互动研究》，武汉：武汉出版社 2009年版。

② ［美］艾尔曼:《从理学到朴学——中华帝国晚期思想与社会变化面面观》，南京：江苏人民出版社 1995 年版。

③ ［美］艾尔曼:《经学、政治和宗族——中华帝国晚期常州今文学派研究》，南京：江苏人民出版社 1999 年版，序第 7 页。

④ 李国钧主编:《中国书院史》，长沙：湖南教育出版社 1994 年版。

⑤ 谢国桢:《近代书院学校制度变迁考》，台北：文海出版社 1974 年版。

⑥ 杨念群:《儒学地域化的近代形态——三大知识群体互动的比较研究》，生活·读书·新知三联书店 2011 年版。

闽省书院文化影响深远。① 此外，许维勤的文章已经对鳌峰书院的地位影响做了非常详细的阐述。本书则将进一步通过同治时期福州致用书院山长谢章铤对鳌峰书院的评述说明鳌峰书院在时人眼中的特殊地位。其次，本书的重点是要讨论嘉道间鳌峰书院学风变迁情况及其影响。嘉道间鳌峰书院学风的转变既是闽省学风变迁的一个缩影，也是学风转变的一个重要源头。笔者通过对出身于鳌峰书院的几个代表人物在地方的身体力行来说明书院学风的具体影响。上述的王建梁在其专著中，把同治年间福建致用书院的创建视为闽省汉学兴起的标志，认为闽省汉学之学肇于致用书院，并指出陈寿祺在鳌峰书院的努力，虽为致用书院做了铺垫，但终究没有成功。笔者则认为，嘉道年间鳌峰书院已经开始提倡考据之学，并且造就了一批汉宋兼学的学者，从而开启闽省汉学的先声。致用书院则是闽省最早的专治汉学的书院。王建梁对陈寿祺努力的认识与评价并不符合史实。最后，笔者还将论述鳌峰书院学风转变对于台湾地区的影响。近年来以鳌峰书院为首的福州书院对于台湾地区的影响受到学界的关注②，但总体而言，现有成果多属宏观论述，且局限于文教领域。本书将从书院制度以及书院师生与台湾的关系着手，探讨鳌峰书院与台湾的历史关联。清政府将台湾正式纳入版图以后，闽台关系越发紧密。"念台湾安，全闽无事，益习海外塞、民风、士宜张弛之治。"③ 自"筹台巨匠"蓝鼎元开始，鳌峰书院师生们便有着研

---

① 林拓:《福建文化地域性研究》，复旦大学博士学位论文，1999 年。

② 参见许维勤:《论鳌峰书院及其对闽台教育文化的影响——兼及闽台学缘》，《福建论坛》(文史哲版) 2000 年第 6 期;福建省炎黄文化研究会、福州市闽都文化研究会编:《闽都教育与福州发展》，厦门:鹭江出版社 2013 年版。

③ 高澍然:《啸云山人文抄序》，载林树梅:《林树梅集》，陈茗点校，北京:商务印书馆 2018 年版，第 295 页。

究治台问题的长久兴趣与传统。不少师生对台湾的实际情况了解颇深，他们虽多属学官，但在清代台湾的创制、平乱、开发及治理诸多问题上，曾提出不少切中时弊的主张。无论是清初台湾刚纳入版图的初创时代，还是嘉道间台湾社会向定居社会的转型时期，或是近代以后面临外敌入侵时的治台政策应对，都有出身鳌峰书院的师生建言献策，并为当道所重视与采纳。而嘉道间正值台湾社会发展面临新的瓶颈，清政府急需对治台政策作出适当调整。受鳌峰书院经世学风影响的士子自然会关注到一直都是闽政重心的治台问题，并在其中扮演了相当重要的角色。

蓝鼎元

资料来源：叶衍兰、叶恭绰编：《清代学者象传》，上海：上海书店出版社2001年版，第151页。

三、嘉道闽省学风变迁与当时全国学风变迁的关系

嘉道间鳌峰书院学风的转变本身有其内在的学术理路，也与社会的现实情况紧密相关。陈其泰在《论嘉道时期学术风气的新旧推移》一文中指出：考据学派本身分化出关心现实问题的学者，以及"乾嘉别派"对考据末流的批判，边疆史地研究的兴起，公羊学的复兴等，这些反映了乾嘉学风在新时期的变化。①陈居渊在《论乾嘉汉学的更新运动》一文中，把乾嘉之际汉学的求变与易帜、经学理论的异化与更新、经典诠释等方面概括为一场"汉学更新运动"，认为汉学的内部变动，不仅终结了清代经典诠释的纯考据化，而且其所产生的社会与学术的双重效应，也是乾嘉汉学向近代经学蜕变的前奏。②史革新的《略论晚清汉学的兴衰与变化》也指出晚清汉学在新的社会环境中，形成"实""通""变"的历史特征，随着传统社会发生根本变化而实现自身的新旧更替，并且在整体上衰落的同时，汉学在原有的边缘地带有局部性的回升，这反映了嘉道以后学术地理分布的变化。③

嘉道闽省学风的变迁有着和全国学风类似的特征，譬如汉宋并重、重视经世致用、对今文经学的探索等。而汉学考据之风在闽省的兴起正体现了在宏观学术地理分布的变化，即汉学在原本边缘地区的上升。本书还透过道光《福建通志》的纠纷，分析在

---

① 陈其泰：《论嘉道时期学术风气的新旧推移》，《中国史研究》1998年第4期。

② 陈居渊：《论乾嘉汉学的更新运动》，《中国史研究》2002年第4期。

③ 史革新：《略论晚清汉学的兴衰与变化》，《史学月刊》2003年第3期。

学风转变过程中，所引发的学术与人脉之争，从中了解嘉道间闽省学风转变之时，闽省学术转型的先行者与传统朱子学势力的矛盾与冲突。

在此需要介绍的还有闽省相关人物的研究状况。与鳌峰书院有关的历史人物研究，主要集中在几位山长以及出身书院较为著名的官员、学者，如张伯行、蔡世远、李光地、孟超然、郑光策、蓝鼎元、陈寿祺、谢金銮、郑兼才、李彦章、林则徐、刘存仁、王庆云、张际亮、孙经世、梁章钜、林昌彝、刘家谋、林树梅等人物。对这些人物，现有研究程度深度各不相同，但总体来说，本书涉及的主要人物，如郑光策、陈寿祺、刘存仁、孙经世等人的研究还比较少，尤其是与人物相关的经史学术以及他们的经世活动同闽台社会的关系的研究更为缺乏。史革新教授的《陈寿祺与清嘉道年间闽省学风的演变》①对陈寿祺这一闽省硕儒的研究中提到其在鳌峰书院的活动及其影响，给予笔者很大的启发。这是笔者所见近年第一篇专门对陈寿祺的经学成就进行研究的文章。②另外，吴守礼编有《陈恭甫先生父子年谱》一卷，述及谱主家事、受业、科第、仕历、讲学、著述、行谊等内容，其中记载谱主讲学及著述经过较详。③民国间，薛澄清有《十八世纪中闽南的一个小学家——吕世宜》等。④本书主要是立于嘉道

---

① 史革新：《陈寿祺与清嘉道年间闽省学风的演变》，《福建论坛》2002年第6期。

② 陈庆元等人的文章主要谈论陈寿祺的诗文，至于经学成就及影响则较少涉及。

③ 吴守礼编：《陈恭甫先生父子年谱》，《台北帝国大学文学科研究年报》第三辑（1937年），第109～211页。

④ 薛澄清：《十八世纪中闽南的一个小学家——吕世宜》，《国立中山大学语言历史学研究所周刊》第65期。

闽省学风的背景下，对上述人物的活动与成就作一较为简单的介绍，这样或许有助于今后对这些人物进行深入的研究。此外，郑光策、谢金銮、郑兼才、刘家谋、林树梅等人留下了不少关于台湾的论述。这些论述，不仅可以让我们了解当时台湾的社会情况，还反映了闽台地方官绅对于台湾开发治理的基本主张，从而进一步揭示有清一代闽台之间密切关系，以及福建经世学风兴起对于台湾的影响。

第二章　清代闽省学风的变迁

　　福建是朱熹理学的发源地，朱子学在福建有着厚重的人文背景和历史积淀，对福建学界影响相当深远。自明代中叶以至康熙、乾隆间，面临陆王心学、乾嘉汉学的冲击，福建学者都能坚守朱子学说，使福建的朱子学得到延续与发展。这种对朱子学的执着，使闽学成为福建的主体学说，且具有浓厚的地方色彩，但也限制了福建学者对新学风气的接纳与对旧学的创新。明清两代的福建朱子学者未能在理论上对朱子学有重大的突破，基本上只是略作适应性的修补，更多的则是墨守躬行，强调"居敬穷理"，或"致知力行"。这种情况在乾隆中叶后开始有所变化。地方大吏的着力提倡和本省学者力图改变福建学界落后局面的努力，使嘉道后经世致用之学与经史考据之学在闽省得到一定程度的发展，促成这段时期闽省学风转变。这之后，闽省的学者无论宗宋学还是宗汉学，其治学修身大抵循汉宋兼蓄的路径，囿于门户之见，墨守朱子学的学者已很难见到了。

第一节　清初福建朱子学的复兴

　　有清一代的学术变迁趋势大致是："康熙以前，学分三派，一承东林之余脉，一提倡朱学，一尚考据。在康熙一朝则以朱子学为盛，乾隆后专尚考据，当时王学灭尽，朱学亦微。"[1]清初程朱理学承明代王学之弊，有复兴之势。尤其在康熙一朝，康熙帝本人嗜好程朱理学，朝廷网罗了孙承泽、魏裔介、熊赐履、陆陇其、李光地、李绂等一批理学家。当时民间还有顾炎武、王夫之、张履祥、吕留良等学者，"激于忧国忠世之意，感愤时变，溯源搜根，深痛晚明士习，归罪王学，谓种学术亡国之大祸"[2]。他们也以振兴程朱学作为纠正王学之弊的途径。这样，朝野竞相提倡朱子学，"在野大儒，俨若与朝贵相桴鼓矣"[3]。

清初的闽学在经历明清鼎革之变的一段沉寂之后，趁着程朱理学在清初全面复兴的趋势也得到振兴。原本就以朱子学为尊的福建学者此时更是"几乎百分之百尊崇朱子学"[4]。在康熙年间，除李光地被康熙当作表彰朱子学的典型而得到重用，闽省内还涌现出蔡世远、蓝鼎元、童能灵等一批有一定影响的理学家。可以说此时福建朱子学人才辈出，引人注目。

探究闽学复兴的原因大致有三：第一，程朱理学在福建地位特殊。福建作为朱子学的发源地，有着深厚的程朱理学的学术传统。作为"濂洛关闽"四大理学流派的重要一支，闽学在福建学者中有着很强的认同感，不依全国学风的流衍而发生根本的迁移。明代中叶以后，陆王心学兴起，程朱理学因受冲击而逐步衰

---

① 王汎森：《中国近代思想与学术的系谱》，石家庄：河北教育出版社 2001 年版，第 119 页。另参见皮锡瑞：《经学历史》，北京：中华书局 1981 年版，第 341 ~ 342 页。

② 钱穆：《中国近三百年学术史》，北京：商务印书馆 1997 年版，第 290 页。

③ 钱穆：《中国近三百年学术史》，北京：商务印书馆 1997 年版，第 290 页。

④ 高令印、陈其芳：《福建朱子学》，福州：福建教育出版社 1986 年版，第 369 页。

落，仍被很多福建学者坚守不替。当程朱理学重新受到朝廷的着力褒扬时，就更易于激发福建学者的向学热情。而原有深厚的朱子学积淀易于培养出色的朱子学者，像李光地、蔡世远等人都有着一定的家学渊源。第二，朝廷对程朱理学的重视和提携。康熙帝在位时不遗余力地提倡朱子学，特升朱熹配祀孔庙十哲之列，下诏编纂了很多理学著作。朝廷功令所在，士人风气所趋。康熙一朝理学名臣层出不穷，福建朱子学者也应风而起。其中以李光地最为典型。他因尊崇程朱理学，颇受康熙帝看重，曾奉旨编纂《朱子全书》《性理精义》《周易折中》等书，对理学的复兴起了一定作用。另一理学名臣张伯行在任福建巡抚时，力倡程朱理学，表彰福建朱子学者，并创建鳌峰书院，聘请理学名家任掌教，专门培养理学人才。他还在鳌峰书院编辑出版《性理正宗》《道学源流》《濂洛关闽书》《续近思录》等多种理学名著，直接推动了福建朱子学的复兴。嘉庆时闽籍学者陈庚焕曾说："仪封（张伯行）抚闽倡兴实学，九郡之士翕然向风。"[1]第三，朝廷对福建的文化政策有一定的特殊性。这个特殊性体现在他们特别重视福建省的文教事业。[2]这从康熙帝对创建鳌峰书院的特别关照可见一斑。清初基于明末书院"别标门户、聚党空谈"，与当权相对立的倾向，明令限制书院的发展，这个政策直到雍正时才渐松弛。雍正十一年（1733年）诏令各省开办示范书院，开启清代省会书院发展的黄金时期。所以鳌峰书院创建时，全国的省会书院还相当少。相比之下，鳌峰书院开始即以省会大书院的姿态出现，并得到康熙帝的支持，"蒙赐额赐帑"，受亲题"三山养

---

[1]　陈庚焕：《闽学源流说》，载陈庚焕：《惕园初稿》卷五，清刻本。

[2]　参见许维勤：《论鳌峰书院及其对闽台教育文化的影响——兼及闽台学缘》，《福建论坛》（文史哲版）2000年第6期。

第二章　清代闽省学风的变迁

秀"匾额及书籍。这些都显示了其所获得的特别待遇。这种特殊待遇体现朝廷着意把其培养为宣扬程朱理学的文教中心，也部分反映出朝廷对福建文化政策的特殊性。[①]统治者企图利用恢复书院来争取对新政权有隔膜感的知识分子，故其对闽省在书院方面的限制并不严厉。于是在官方的默许下，在福建各地兴起了创建书院的热潮，并形成一定影响。[②]所以清廷对福建理学复兴的重视与支持是闽学得以重振的一个重要因素。

修复后的鳌峰书院悬挂"三山养秀"牌匾

---

① 有学者在分析对福建的这种特殊的文化政策时，认为清廷是出于以下因素考虑的：一是统治者在平定台湾后，急于改变在闽人心目中征服者的形象；二是急于清除郑氏政权的影响；三是培养理学基地的需要，因为朱子理学在闽省始终被尊奉不替，"这种现象引起康熙帝的重视，他想尽快恢复福建的文化设施，把福建培养成全国重要的理学基地"。（参见许维勤：《论鳌峰书院及其对闽台教育文化的影响——兼及闽台学缘》，《福建论坛》（文史哲版）2000 年第 6 期。）黄新宪在《清代福建书院的若干特色及当代价值》一文中也谈到清廷对福建采取的特殊文化政策。

② 黄新宪：《清代福建书院的若干特色及当代价值》，载朱汉民主编：《中国书院》第 5 辑，长沙：湖南教育出版社 2003 年版。

清初福建朱子学的复兴可算兼合地利与天时。这个复兴主要体现在各地出现一批有一定影响的朱子学者。在朝廷有李光地，在省内则有省城蔡世远、闽西童能灵、兴化郑天炳、闽东陈绰、闽南蔡日光、闽中林赞龙、闽北金荣镐以及在台湾、广东等地的蓝鼎元。在这些学者中，以李光地和蔡世远的影响最大。作为清初福建两大儒，他们的思想和学风对有清一代福建学者的影响深远。

李光地（1642—1718 年），字晋卿，号厚庵，学者尊为安溪先生。梁启超称其"善伺人意，以程朱道统自任，亦治礼学、历算等，以此侪高位，而世亦以大儒称之"。李光地在清初学术史上有一定地位。其主要思想与活动有：(1)奉康熙之命主持编纂《朱子全书》《周易折中》《性理精义》等书，其中以《周易折中》的学术成就影响最大，是清代易学的代表作之一。[①] (2)著《尊朱要旨》，捍卫朱子学。李光地推崇朱子的"理在气先"说，驳斥陆王的"心之即理"说，表明自己的朱学立场，并把朱学分成立志、居敬、穷理、力行四项，即所谓"立志所以植其本也，居敬所以持其志也，穷理所以致其知也，躬行所以蹈其实也"[②]。这也是他的朱子学纲要。(3)提倡实学，把经世致用作为其学术的根本宗旨。李光地颇受清初学术经世学风的影响，提出"灭空疏之学，倡经世致用"，"究六经之旨，周当世之务"。[③]提倡学以致用，凡天文、地理、形胜、农桑、医药、河渠、政

---

① 徐晓望主编：《福建思想文化史纲》，福州：福建教育出版社 1996 年版，第 223 页。

② 李光地：《榕村全集》卷八，转引自徐晓望主编：《福建思想文化史纲》，福州：福建教育出版社 1996 年版，第 223 页。

③ 徐晓望主编：《福建思想文化史纲》，福州：福建教育出版社 1996 年版，第 223 页。

事、算学，切于实用之学，均当讲求。生平热心经邦济世，为官清廉，政绩斐然。尤其算学融合中西学说，他曾问历算学于梅文鼎，并"皆尽其要"。①(4)治学主程朱之学，亦包容陆王之说；主宋学，亦兼收汉学。李光地早年曾受陆王影响，故其学一度徘徊于陆王程朱之间，后虽为迎合康熙而力主程朱，但他对陆王也非一意排斥，而是主张互相取长补短。②在汉宋学关系上亦主张汉宋折中，李光地尝言："蔑训诂者无师，滞章句者无得，学以能择为先。"③又言："解经在道理上明白融会，汉儒自不及朱子。至制度名物，到底汉去三代未远，秦所澌灭不尽，尚有当时见行的。即已不存者，犹可因所存者推想而笔之，毕竟还有些实事。不似后来礼坏乐崩，全无形似，学者各以其意杜撰，都是空言。此汉儒所以可贵。"④他本人曾问音韵学于顾炎武，对礼学也有一定的研究。李光地一生向朝廷推荐了不少人才，其所荐学者无谓其学所宗主，有陆陇其、徐用锡、李绂、蔡世远、梅文鼎、惠士奇、王兰生、何焯、庄亨阳等，皆名臣硕学。李光地这种开明的荐学态度对开启汉学之风有一定的功绩。故陈祖武评说："在清初学术史上，李光地的贡献并不在于理学，而是他顺乎潮流，

---

① 陈衍:《福建通志·列传·李光地》，台北：大通书局 1987 年版，第 143 页。

② 高令印、陈其芳:《福建朱子学》，福州：福建教育出版社 1986 年版，第 380 页。另参见陈祖武:《点校说明》，载李光地:《榕村语录·榕村续语录》，北京：中华书局 1995 年版，第 4～12 页。

③ 陈衍:《福建通志·列传·李光地》，台北：大通书局 1987 年版，第 143 页。

④ 李光地:《诸儒》，《榕村语录》卷十九，载李光地:《榕村语录·榕村续语录》，北京：中华书局 1995 年版，第 341 页。

对经学研究的提倡和身体力行。"① 作为清初福建最为显赫的学者，李光地的学术主张与成就在本省影响很大，他的理学思想、经世致用思想以及治《易》《礼》的成就在闽省都有后继者。黄保万曾注意到李光地对后来福建学风转变的影响："福建学术界在乾嘉之后，出现了汉宋并重、兼收并蓄的新风尚，而这个新风尚的形成，是与清初李光地等人的启蒙倡导分不开的。"② 这个见解实有见地。

清初闽省另一个较有影响的朱子学者是蔡世远。蔡世远（1682—1733 年），字闻之，别号扪斋，学者称梁村先生或扪斋先生，福建漳浦人。蔡世远出身于朱子学世家，祖父蔡而煜是黄道周的门人，父亲蔡璧乃鳌峰书院第一任掌教。蔡世远为李光地的入室弟子，得其荐入值上书房，后受福建巡抚陈滨之聘，继其父掌教鳌峰书院。梁章钜称："我朝二百年来闽人与爰立者，惟安溪与公两人，而公相业较安溪尤粹。"③ 蔡世远与李光地同为清初闽省最有影响的学者。叶绍本曾在《鳌峰书院》中提到："闽中固先贤讲学之地，七百年来流风未艾，我朝文贞、文勤复起而阐扬之，士咸知秉礼让、重廉节，断断然有洙泗濂洛之风，宜其人文之盛，见称于东南。"④ 梁启超也称："雍正间则漳浦蔡

---

① 陈祖武:《点校说明》，载李光地:《榕村语录·榕村续语录》，北京:中华书局 1995 年版，第 11 页。

② 徐晓望主编:《福建思想文化史纲》，福州:福建教育出版社 1996 年版，第 225 页。

③ 梁章钜:《归田琐记》，北京:中华书局 1981 年版，第 70 页。

④ 游光绎:《鳌峰书院志·序》，载赵所生、薛正兴主编:《中国历代书院志》第 10 册，南京:江苏教育出版社 1995 年版，第 264 页。

闻之（世远），亦以程朱学闻于时。"① 蔡世远在省内的活动主要是任教鳌峰书院，其教士"以立志为始，以孝弟为基，以读书体察克己躬行为要"②。强调学以致用，并以复性为宗旨，即为学要使人"复其性之本然"，进行道德实践。③ 他认为复性之要有三："曰主敬，曰穷理，曰力行。"所谓"不主敬，则无私之体何以澄之；不穷理，则以天下古今当然之则何以考之；不力行，则所谓道听途说而已，何由有以复性之本然哉"④。故其教育学生不注重举业，而是强调道德品行，"以激其向道之心"⑤。蔡世远以弘扬朱子学为己任，但对于汉学亦不过分主门户之见，他认为：

> 传经亦所以存道……汉儒有传经之功，今儒有体道之实。……轻汉儒者以为继事训诂而少躬行心得之功，不知汉代经秦火汉儒收拾于灰烬之余，赓续衍绎，圣人遗经赖以不坠，汉儒得收尊经之效……汉儒之功其不掩乎。⑥

---

① 梁启超：《近代学风之地理的分布》，载梁启超：《梁启超全集》第7册，北京：北京出版社1999年版，第4273页。

② 游光绎：《鳌峰书院志》卷二，祠祀，载赵所生、薛正兴主编：《中国历代书院志》第10册，南京：江苏教育出版社1995年版，第296页。

③ 高令印、陈其芳：《福建朱子学》，福州：福建人民出版社1986年版，第402页。

④ 蔡世远：《学规类编序》，《二希堂文集》，转引自高令印、陈其芳：《福建朱子学》，福州：福建人民出版社1986年版，第402页。

⑤ 徐晓望主编：《福建思想文化史纲》，福州：福建教育出版社1996年版，第227页。

⑥ 蔡世远：《历代名儒传序》，《二希堂文集》，转引自高令印、陈其芳：《福建朱子学》，福州：福建人民出版社1986年版，第404页。

李光地、蔡世远等一批朱子学者的出现，活跃了清初的福建朱子学。此时的福建朱子学有以下特点：(1)在复兴朱子学的同时，在理论上未能有较大突破。李光地的"立志、居敬、穷理、力行"，蔡世远的"复性"说，蓝鼎元的"克己复礼"说等，只是主张在日常处事中实践道德，墨守朱子学说，这点是导致有清一代福建朱子学最终没有出现能影响全国的学术建树的根本原因。(2)清初许多福建学者都主张学以致用。李光地认为学问贵在于实用，故凡有用之学都应讲求。蓝鼎元提出："吾所谓学者，取材千古，陶铸百家，措之方州而咸宜，施之民物而各当，藏之名山、俟百世圣人而不惑，盖有用之实学也。"① 要在日常处事中去体会圣贤的思想，使知行结合，学以致用。他本人在台湾与广东都留下显赫的政绩。(3)部分学者不拘门户之见，陆王程朱并采，汉宋兼学。这尤其以李光地、蔡世远、王士让、官献瑶等人为典型。他们尊崇朱子学，但不排斥陆王心学，在经学观上肯定汉儒，折中汉宋，力主"汉宋之学，兼收并采"。② 这种较为开放的学术观在清初及嘉道以前的福建学者中虽不多见，但能同时被闽省两大儒所提倡弥足珍贵。他们的思想在嘉道间得到有心振兴闽省学风的学者的认同与继承。并且，李光地等人的音韵、易经、礼经研究也为清代福建的经学研究奠定了基础。

---

① 蓝鼎元撰，蒋炳钊、王钿点校：《同人规约》，《棉阳学准》卷一，《鹿洲全集》(下)，厦门：厦门大学出版社1995年版，第465页。

② 李光地：《周易通论》卷三，道光本，转引自徐晓望主编：《福建思想文化史纲》，福州：福建教育出版社1996年版，第224页。

27

第二节　清代福建的书院教育

早在唐代，书院就已经在福建出现了。经历宋、元、明三代的曲折发展，入清后，福建书院出现了繁荣的景象。有清一代，包括新建与重修的书院在内，福建书院近 500 所，数量远超其他朝代。这些书院既有大型的省会书院，也有远在乡邑的小型书院，还曾一度出现过一批正音书院。这些书院"除一部分仍保持教学与切磋学术的传统外，多数成为科举的附庸，以学习八股文写作以应科举为主课。同时有相当数量与书院性质相似而规模较小的私学和以个人读书为主或数人相聚读书，互为师友，或兼讲学授徒的书堂、书室。它们互相补充、促进，在官学以外形成另一更具活力的教育组织形式"[①]。除了在数量上体现了书院的兴盛，清代福建书院教育还有以下几个特点值得关注。

一、全省性大书院的建立及其对闽省学术文教事业的影响

清初统治者对书院的态度比较谨慎。这一方面是因为清朝统治还未稳固，担心地方忠明反清的学者利用书院结社，从事反清活动，宣传反清言论，另一方面明末党争造成的政局动荡也让清统治者心有余悸。1652 年，顺治帝曾下敕书要求"各提学官督率教官，务令诸生将平日所习经书义理，着实讲求，躬行实践，不

---

① 福建省地方志编纂委员会:《福建省志·教育志》，北京：方志出版社 1998 年版，第 35 页。

许别创书院，群聚结党，及号召地方游食之徒，空谈废业"①。但是，他们也看到利用书院可以招纳士人，笼络民心，巩固统治。所以当其在政治上趋于稳定后，开始逐步放开对书院的限制，并令各省设省会书院。雍正十一年（1733 年），雍正帝令各省设省会书院的诏令言：

> 朕临御以来，时时以教育人材为念。但稔闻书院之设，实有裨益者少，而浮慕虚名者多，是以未曾敕令各省通行，盖欲徐徐有待，而后颁降谕旨也。近见各省大吏，渐知崇尚实政，不事沽名邀誉之为。而读书应举之人，亦颇能屏去浮嚣奔竞之习。则建立书院，择其省文行兼优之士，读书其中，使之朝夕讲诵，整躬励行，有所成就。俾远近士子，观感奋发，亦兴贤育才之一道也。督抚驻扎之行，为省会之地，着该督抚商酌举行，各赐帑金一千两，将来士子群聚读书，豫为筹画，资其膏火，以垂永远。其不足者在于存公银内支用。②

这些省级书院在清代的地方教育体制中有重要的地位。福建的鳌峰书院创建于康熙四十六年（1707 年），由理学名臣张伯行所建，其建始初，就已经体现了一所省会书院的地位与作用。

首先，鳌峰书院的掌教与院生都为一省之名儒俊秀。掌教"有聘延乡先生者，则大夫士父师少师之例也；有聘延邻省者，则必有合焉之例也"③。在鳌峰书院存在的近二百年间，历三十

---

① 《钦定大清会典事例》卷三八三，礼部，学校。
② 《钦定大清会典事例》卷三九五，礼部，学校。
③ 游光绎：《鳌峰书院志》卷五，掌教，载赵所生、薛正兴主编：《中国历代书院志》第 10 册，南京：江苏教育出版社 1995 年版，第 310 页。

多位山长，他们或以学著称，或以行著称，或学行兼优，皆一时之俊秀，如蔡世远、雷鋐、张甄陶、郑光策、孟超然、陈寿祺等人。对学者本人来说，受聘为书院掌教也是一件至为荣耀的事。[①]学子要入鳌峰肄业也要经过层层的选拔。鳌峰书院内外课生，加上正课童生开始共有140个名额，后来名额逐渐增加到210个。但每次报考人数往往多达五六千名，可见竞争的激烈。而且，应考者一般都需要经地方官员的推荐才能报考，所以他们基本上都是当地儒生的佼佼者。尤其在蔡世远、陈寿祺等人任山长时，其招生程序更为严格，必须品学兼优的人才能被推荐报考。所以能入鳌峰书院学习的学生都可算是不一般的优秀人才。另外，鳌峰书院拥有着其他书院难以企及的办学条件。据许维勤考察，鳌峰书院的院产颇具规模，经费充裕，藏书丰富。加之长期独占省会书院的地位，使它的地位日趋巩固，影响日益深远。

其次，有清一代闽省的许多著名学者、官员都与鳌峰书院有着不解的因缘。谢章铤曾说：

> 鳌峰书院者，全省育才之奥区也。自清恪张公以后，人师经师比肩接踵，而张惕庵、林青圃、郑西霞、孟亦园、游彤卣、陈隐屏十数公，其门墙尤美。远则文勤蔡公，近则文忠林公，于肄业尤为有光。[②]

---

① 由于鳌峰山长地位特殊，许多学者轻易不敢接受聘任。嘉道间闽省最著名的经师陈寿祺也曾屡屡辞聘书，因为巡抚叶绍本坚持才接受的。参见陈寿祺：《与卢厚山巡抚书》，载陈寿祺：《左海全集·文集》卷五，清道光年间陈氏刻本，第46页。

② 谢章铤：《送林锡三之海东书院序》，载谢章铤：《赌棋山庄全集·文集》卷二，台北：文海出版社1974年版，第104～105页。

最后，闽省的督抚官员相当重视鳌峰书院，每月会定期到院中课士训话。鳌峰山长的地位相当高，时常受邀为本省事务出谋划策。鳌峰书院作为一省书院及文教中心地位的确立，对闽省影响深远，改变了福建书院教育的格局。① 嘉道年间，陈寿祺、郑光策等人就曾利用这一有利条件，传播学术主张，改革书院制度，培养出一批有影响的弟子，并由此影响全省学界，逐步改变福建的学风。②

鳌峰坊

---

① 参见林拓:《福建文化地域性研究》，复旦大学博士学位论文，1999年，第59页。

② 当时闽省学者很注意鳌峰书院的学规学约和考课内容，学者文集中常抄录鳌峰书院的学规学约。林则徐之父林宾日的日记里，有记载鳌峰书院较重要的课艺试题。参见林宾日:《林宾日日记》，南京:江苏古籍出版社2000年版。

二、书院的理学气氛浓厚

张正藩曾指出清代书院一般以理学为重。[1] 这点在福建书院体现得很明显。通过祭祀朱熹及其他理学名家来弘扬理学精神是清代福建书院较为普遍的做法，这与闽省深厚的程朱理学传统关系密切。[2] 许多书院本身就是在朱熹过化之地建立的纪念性书院。官方着力扶持理学有利于加强书院的理学色彩。张伯行建鳌峰书院后，聘请理学名家倡正学于省会，同时刊刻理学著作，延请各地理学名家到书院讲学、肄业，使鳌峰书院成为复兴福建朱子学的中心，这对福建其他书院有明显的导向作用。但也正是官方有力的介入福建朱子学的振兴活动，使清代福建朱子学较多地体现了官方的意识形态，对福建朱子学的创新和发展产生不利影响。黄新宪指出："理学在福建书院占据主导地位，对福建书院确立明确的办学指导思想，传授给学生一种严密的思想体系，以及争取统治阶层的支援，都有着显而易见的好处。但是应该指出，清代福建的理学家往往对理学固守阐释的多，创新发展的少，朱熹的许多理论被阐释得精致无比，而整个理论体系却陷入了僵化的境地，窒息了人们的思想，甚至为士子读书作官的工具。"[3] 这种书院教育对理学的创新发展的负面作用也是很明显的。

---

[1] 张正藩:《中国书院制度考略》，南京：江苏教育出版社 1985 年版，第 37 页。

[2] 黄新宪:《清代福建书院的若干特色及当代价值》，载朱汉民主编:《中国书院》第 5 辑，长沙：湖南教育出版社 2003 年版。

[3] 黄新宪:《清代福建书院的若干特色及当代价值》，载朱汉民主编:《中国书院》第 5 辑，长沙：湖南教育出版社 2003 年版。

三、书院举业繁荣

书院与官学最根本的区别在于其教学目标是为"教育而非科举预备的"①。闽省鳌峰书院设立之初也是为了"讲习居家穷理之要，明理达用之学"②。讲求学术以正人心，补学校之厥失。张伯行有意使鳌峰书院与另一个省会书院共学书院相区别，一主课士，一主讲学。但不久共学书院废黜，院生改入鳌峰，于是鳌峰书院兼课士讲学为一体，甚至有段时间废讲学而专课士：

> 仪封张清恪公创兴鳌峰书院，礼列郡高才生修宋已降儒先书……当其时，濂洛关闽之学大盛，其大者发挥乎性命，张皇乎事业，次亦循循规矩法度，盖士习为极醇，未几而一之乎文艺矣，而院中科第大盛。③

鳌峰书院的变化反映了清代福建书院科举化的倾向：书院逐步成为习八股、应科举的场所，失去其原有的功能。④这种情况的出现并不是统治者乐意见到的。乾隆帝曾对书院举业盛行而学问弃置的现象表示忧虑：

---

① 谢国桢：《近代书院学校制度变迁考》，台北：文海出版社1974年版，第38页。

② 游光绎：《鳌峰书院志·赵序》，载赵所生、薛正兴主编：《中国历代书院志》第10册，南京：江苏教育出版社1995年版，第266页。

③ 游光绎：《鳌峰书院志》卷六，科目，载赵所生、薛正兴主编：《中国历代书院志》第10册，南京：江苏教育出版社1995年版，第312页。

④ 参见刘海峰、庄明水：《福建教育史》，福州：福建教育出版社1996年版，第192～198页。

　　书院即古侯国之学也。居讲席者固宜老成宿望，而从游之士亦必立品勤学，争自濯磨。俾相观而善，庶人才成就足备朝廷任使，不负教育之意。若仅攻举业，已为儒者末务，况藉为声气之资、游扬之具，内无益于身心，外无补于民物。即降而求文章成名。足希古之立言者，亦不多得，宁养士之初旨耶。①

　　很多山长对书院诸生专志举业、无心治学的现象忧心忡忡，并力为纠正。陈寿祺曾作《科举论》示鳌峰诸生，力言举业与治学并重。并在《鳌峰崇正堂规约》中辨明研习经史有裨于科举作文，希望由此来引导学生多事经史之学，从而改变院生专攻八股讲章之学的现象。

　　宋代以后，书院已逐渐成为研究和传播学术的重要场所。书院的学术气氛和水准在很大程度上体现并影响着地方的学术水平。相较于江浙等学术发达地区，清代福建崇尚学术研究的书院并不多见，这是造成福建学术相对落后的一个重要原因。嘉道以后，随着郑光策、陈寿祺、林春溥、林寿图等人在省会及地方的书院中倡导经史考据之学，闽省学术有一定的振兴，并在一定程度上扭转了福建书院过分科举化的趋势。

---

　　① 游光绎：《鳌峰书院志卷首·恩意》，载赵所生、薛正兴主编：《中国历代书院志》第 10 册，南京：江苏教育出版社 1995 年版，第 278 页。

鳌峰书院状元及第浮雕

第三节　嘉道间社会危机和学风转变

王尔敏在论述近代中国思想史时曾提到："一种治学风气的形成，往往不尽在学术本身的发展而变化，多半是受着时代思潮所支配，甚至也会受到一些流俗时髦观念所影响。"[①] 探讨嘉道年间学风的流衍，也可以发现当时的学风变迁与社会变动的关系相当密切。

一、乾嘉转承时期的社会危机及其对学风的影响

在经历一段相当鼎盛的时期后，乾嘉之际，清王朝的内部危机日趋严重。中央权臣把权，地方吏治腐败，加之人口剧增，土

---

① 王尔敏：《中国近代思想史论》，北京：社会科学文献出版社 2003 年版，第 417 页。

地兼并恶性发展，社会上出现了大批流民。国库则因频繁用兵及统治者的奢侈铺张日益空虚，新的社会问题不断涌现。于是社会矛盾激化，农民起义接连爆发。这些都促使学者更为关注现实，思考拯救之方，进而影响学术风气的转化。艾尔曼在论述此时常州今文学派的兴起时曾说："历史的脉络没有决定他们的行动，但是的确有助于我们理解他们为什么会有那些言论。"① 的确，没有联系这时期的社会变动，就很难理解此时学风所发生的变化。

当时社会危机的深化促使了嘉道之际学风的转化，陈其泰指出，学风的转变，就是由脱离实际到经世致用，由讴歌升平到怀着强烈的忧患意识。考据学出现分化，有些学者不再拘于烦琐细致的纯学术研究，而是显露出探讨与现实密切相关的问题的端倪，且力图改变以往汉学研究轻视理论思辨的取向，注意论证考据与经学的关系，结合考据训诂与宋儒的义理学论证儒家经典的内涵。社会上对考证末流的烦琐学风所作的批判日趋尖锐，而外敌入侵与边疆危机使边疆史地研究逐渐受到关注，为学术研究开辟新的领域。公羊学说的复活，正反映了学者寻找批判现实、寻求革新的理论工具的努力。② 当然，嘉道学风的变迁也有其内在

---

① ［美］艾尔曼：《经学、政治和宗族——中华帝国晚期常州今文学派研究》，南京：江苏人民出版社 1999 年版，序第 7 页。

② 参见陈其泰：《论嘉道时期学术风气的新旧推移》，《中国史研究》1998 年第 4 期；陈居渊：《论乾嘉汉学的更新运动》，《中国史研究》2002 年第 4 期。以往学界习惯把乾嘉两朝的学术并称为"乾嘉汉学"，并把它作为一个整体研究其学术成就，比较注意研究内部学派的学术传承，但对内部学术观点变化的研究不够重视，特别是对乾隆末年后社会变迁与学术变化的相互关系研究仍显不足。近年关于乾嘉汉学经世思潮与"乾嘉新义理学"的研究逐渐引起海内外的学者重视。参见雷平：《近十年来大陆乾嘉考据学研究综述》，《史学月刊》2004 年第 1 期。

的动因。陈居渊称汉学在嘉道的变化为"汉学更新运动"，指出："阮元、焦循、凌廷堪等人既要维护传统经学，继承乾嘉传统，又要考虑回应来自宋学方面的挑战，成为他们更新汉学的必然前提。"

除了学术研究的内容与理论本身发生的变化，宏观的学术地理分布，嘉道以后也发生了较大变化。史革新注意到："大致说来，从嘉道年间到中日甲午战争前，传统儒学的主流学派——汉宋学继续延绵，并不断调整其内部关系，以应付所面临的危机及内外挑战。在此期间，汉学虽然走向衰落，但依然保持一定规模，且有局部性的回升。"① 汉学的局部性回升体现在嘉道以后，汉学在以往并不彰显的地区发展起来，使这些地区的学风发生转变。这些地区包括广东、福建、贵州以及北京周边地区等。这个现象显示了汉学的影响仍有一定程度提高。

二、嘉道间闽省的社会状况及其新学风的勃兴

福建居东南一隅，省内多丘陵盆地，土地贫瘠，虽有临海之利，但由于厉行海禁，海外贸易无由发展。在经济上，有清一代的福建省基本处于落后状态。社会问题重重，乡间械斗、结匪抢盗等一直相当盛行。到嘉道之际，吏治腐败、土地兼并、人口增长等一系列问题也十分严重。陈寿祺在给阮元信中曾说：

---

① 史革新:《略论晚清汉学的兴衰与变化》,《史学月刊》2003 年第 3 期。罗检秋也认为:"到乾隆后期,汉学已走出江南一隅。朝廷开四库馆,当然不仅是学术事件,也象征着考据学从民间学术上升为官方学术。"(罗检秋:《从清代汉宋关系看今文经学的兴起》,《近代史研究》2004 年第 1 期。)

闽中土瘠民贫，下游四郡常以瓜薯支半岁食。石米过缗钱三千，则人心汹惧。省治曩有奸人滞鬻居奇，每于沿溪要遮米舸，腾涌至速。大吏向尝按律治之，且以时定米谷价。故嘉庆戊午以来三四年间，粜籴最平，民稍喘息。此诚绥靖之先务也。漳泉之结会，龙溪、诏安、马家巷、石马之行劫，向来官之所知；而花会之炽蔓延，省治啸聚之患，渐及上游，官所未及知也。乡邨之械斗，滨海之盐枭，向来官之所知；而墨吏之鱼肉，蠹役之嫁祸，劣衿之把持，又官所知之而未尽者也。花会之煽，由于大府之驺驭、纳赂、护匿，捕之则闻风四窜。故治之当自耳目之近始，欲除奸莠必戒良善之株累，欲除械斗会营深入晓示利害，使献其首恶数人，痛惩之而其余安堵如故，此易易耳。[①]

在致闽浙总督汪志伊的一封信中，陈寿祺又言："巨商大贾，自厦门私贩鸦片，获利无算，因致素封俗之败恶，未有甚于此者。"[②]瘤疾新病交织，促使闽省学者关注现实，思想逐步趋向务实，如郑光策、谢金銮、陈寿祺等人，都致力于经世之学，关心民间疾苦。这样经世思潮乾隆末年后逐步在福建兴起，并在嘉道年间对全国的经世思想产生一定影响。

学术方面，自清初在朝廷及张伯行等大吏的倡行下，闽省理学得到复兴。然而，乾隆后，福建的朱子学又日趋沉寂。仅有少数朱子学者如雷鋐承袭李光地、蔡世远的学说，为当世推重。另

---

① 陈寿祺：《上阮侍郎夫子书》，载陈寿祺：《左海全集·文集》卷五，清道光年间陈氏刻本，第3~4页。

② 陈寿祺：《与总督桐城汪尚书书》，载陈寿祺：《左海全集·文集》卷五，清道光年间陈氏刻本，第16页。

外，建宁的朱仕琇以古文颇得时誉。"乾隆间，则建宁朱裴瞻（仕琇），能为古文，朱笥河亟称之，而汀州雷翠庭（鋐），则继李蔡治理学。"① 由于程朱理学在福建形成独尊的局面，一旦朱子学衰落，整个闽学会不可避免地出现整体性滑落。本来清初福建朱子学的复兴与官方的大力扶持离不开，造成时人所治的朱子学多为抱残守缺，没有真正的创新，随着朝廷政策的改变，闽省理学的没落也就不可避免。陈庚焕曾言：

> 此则流风余韵浸以销歇，间有诵法朱子者，或迂闻而无当，或浮慕而失真，其或跖行孔语，身败名裂……而闽学微矣。②

与此同时，乾嘉汉学对福建学界的影响开始显现。如前所述，清初福建两大儒在经学观上是比较开放的，主张"汉宋之学，兼收并采"，这为清中叶后闽省学风的转变埋下了种子。乾隆时纪昀与朱笥、朱珪兄弟先后视学福建，组织读书社，培养通经致古之士，在他们的扶持下，闽省开始出现向学考证之学的学者。这个风气延续到嘉道年间，经陈寿祺等人的大力倡导，福建终于出现了一批致力于考据经史之学的学者。而古文、诗赋等风气也渐兴盛起来，这些都显示了嘉道年间闽省学风的变迁。谢章铤曾说：

> 吾闽自龟山得道南之统，而集大成于考亭，数百年来一

---

① 梁启超：《近代学风之地理的分布》，载梁启超：《梁启超全集》第7册，北京：北京出版社1999年版，第4273页。

② 陈庚焕：《闽学源流说》，载陈庚焕：《惕园初稿》卷五，清刻本。

以朱学为职志，读四子书内外注，不敢蹉跌一字。而又广搜或问语类，以及蒙存浅达，下逮大全汇参，其书满室。即五经自程朱外亦惟蔡、胡、陈之说是守。不如是者，虽博犹谓之杂。延至乾隆中叶，纪文达、朱文正相继视闽学，以淹洽倡庠序。于是高才辈出，星联霞蔚。或通九经，或通十一经，或通十四经，且并《逸周书》《竹书纪年》《山海经》，管、荀、老、庄诸子，凡称为周秦古书者，莫不张皇幽眇，见之文字。老生宿儒虽未尝不谨守朱子之法，然其议论则有加焉，见闻则有进焉。乃相与立为读书榭。榭中名宿如梁九山宫詹、林樾亭大令、龚海峰太守十数公皆读书等身、著书等身。最后陈恭甫侍御出，以沉博绝丽之才，专精许郑，建汉学之赤帜。先导者为林畅园、郑西霞诸公，羽翼者为万虞臣、萨檀河、谢甸男诸公。其时先生之同郡王虚谷之经义、林纫秋之词章皆有盛名，而先生独归心朴学，兼擅著作，非所谓质有其文者耶？嗟乎！千里同声，一何盛也！①

这段话清楚地勾勒了学术变迁的脉络，描绘了汉学风气最终在嘉道间闽省形成的情况，以往这个学术风气的变迁多为研究者所忽略，他们仍把朱子学的流衍作为嘉道以后闽省学术变迁的主要线索。② 实际上，虽然雷鋐、孟超然等人仍在坚守朱子学、抨

① 谢章铤：《西云札记序》，载谢章铤：《赌棋山庄全集·文续集》卷一，台北：文海出版社 1974 年版，第 485～486 页。
② 参见高令印、陈其芳：《福建朱子学》，福州：福建人民出版社 1986 年版。作者把陈庆镛、林春溥等人作为朱子学的代表人物，对其在汉学的成就与影响论述过少，难以全面反映嘉道以后闽省的学术状况。

击汉学末流，但无法阻挡新兴汉学的冲击，在闽省巡抚、学政和部分学者的提倡与身体力行的努力下，士人通过组织治学团体如读书社、殖榭等活跃学术氛围，研究经史考证之学、经世致用之学以及古文、诗赋等，闽省的学风开始转变。嘉庆初年，陈寿祺等人在京城师从当世的汉学大师钱大昕、段玉裁等人，并与各地汉学后进相互问学，提高了治学水平。通过学者的不懈努力，闽省的小学、考据学研究水平有了质的变化。陈寿祺等人为了应对闽省世俗人心日益变坏的趋势，"以为善风俗在正人心，正人心在厉行义、尊经学"①，在福建进一步倡扬经学研究，并与原有深厚的朱子学传统结合，最终形成典型的汉宋兼学的治学风气，从而正式"开启乾嘉之后福建学术界汉宋并重、兼收并蓄的新风尚"②。即使被认为是道光以后的程朱理学代表人物的陈庆镛、林春溥等人，在经史考据方面都有一定的成绩。

嘉道间，闽省的新兴学风以经世致用与经史考据为主，二者在当时有着互补关系。崇经学的目的在于挽人心，振士风，带有一定的经世色彩。陈寿祺对乾嘉考据末流只重考据忽视现实的现象予以严厉批判，他本人有着很强的用世思想。以经世思想名世的郑光策、李彦章等人兼容各种学术风气，对汉学在

---

① 陈寿祺：《上仪征公夫子书》，载陈寿祺：《左海全集·文集》卷五，清道光年间陈氏刻本，第29页。在给朱咏斋（士彦）的信中陈寿祺言："鄙人以为救弊之法仍不越乎重廉耻而崇经术。廉耻重则有以养其羞恶之心，经术崇则有以熄其浮薄之气，夫然后本实不拨而教化可施。"（参见陈寿祺：《答朱咏斋侍郎书》，载陈寿祺：《左海全集·文集》卷五，清道光年间陈氏刻本，第65~67页。）

② 徐晓望主编：《福建思想文化史纲》，福州：福建教育出版社1996年版，第220页。

闽省的兴起并不抵制。道光后，陈庆镛、何秋涛等人的经史考据、边疆地理研究承嘉道闽省的学风变迁影响，同时他们也是闽省经世思想的代表者。

第三章　嘉道间鳌峰书院的学风转变

"人聚鳌峰秀，易传光地学。"在近 200 年的历史内，鳌峰书院长期占据着闽省文教中心的位置，并代表着闽省最高水准的学术水平。鳌峰书院的创建是清初统治者在闽省扶持程朱理学、力图复兴福建朱子学的一项重要措施。它与清初闽省的理学复兴关系密切。乾隆以后，鳌峰书院仍有浓厚的理学氛围，雷鋐、孟超然、陈庚焕等著名理学家都出身鳌峰，孟超然还曾长期掌教鳌峰书院。然而，随着理学的衰落，以及乾嘉汉学的兴盛，这股风气也逐渐使闽省学界发生变化。首先是张甄陶在鳌峰书院提倡汉唐注疏之学，在他之后，着力扶持汉学的纪昀和朱筠、朱珪兄弟先后视学福建，他们有意在书院培养经史考证人才，鳌峰书院的学风开始发生变化。到嘉道之际，经世致用之学在郑光策等人的倡导下，开始影响鳌峰书院诸生。道光年间陈寿祺掌教时不拘一格的施教作风，进一步推动学风的变迁。于是，经世之学、经史考证之学，以及诗赋古文之学等的兴盛，形成嘉道年间鳌峰书院诸学并举、各式人才层出不穷的局面。

第一节　嘉道以前鳌峰书院学风的流衍

嘉道以前，鳌峰书院以固守程朱理学为主，但院内崇尚的学术风气并不是单一和一成不变的。史书记载：

> 仪封张清恪公创兴鳌峰书院，礼列郡高才生，修宋已
> 降儒先书，益以诸葛忠武、陆宣公、司马文正、文文山、
> 杨忠愍诸公集，不为科第人计也。然考文勤太傅答院中诸生
> 书：时文以清真雅醇为主语，则亦课文艺教求科第矣。然其
> 所为教根本，居敬穷理以行其孝弟忠信仁义。所谓艺者，书
> 之也。当其时，濂洛关闽之学大盛，其大者发挥乎性命，张
> 皇乎事业，次亦循循规矩法度，盖士习为极醇。未几而一之
> 乎文艺矣，而院中科第大盛。未几而汉学兴矣，说文考证尚
> 矣，渐而诸子及诸杂驳难稽之书，群相诵习矣。而院中科第
> 愈益盛，学者虽不必不敦行，要之清恪公所修书罕有过而问
> 焉者矣。①

清初至嘉庆百余年间，鳌峰书院学风首先发生的一个转变是
科第举业逐渐盛行。张伯行初设鳌峰书院之时，本有意与另一书
院重镇——共学书院相区别，即以共学书院主课文，而以鳌峰书
院修书讲学，"若上下庠"。但不久共学书院废弛，使鳌峰书院成
为唯一的省会书院，于是"昔之修书讲学者亦变而课文矣"②。
随着鳌峰书院开课八股举业，它成为闽省科举业最为成功的书
院。据嘉庆《鳌峰书院志·科目》，从康熙十一年（1672年）
到嘉庆九年（1804年）总共49科乡试中，鳌峰书院共考中856

---

① 游光绎：《鳌峰书院志》卷六，科目，载赵所生、薛正兴主编：《中
国历代书院志》第10册，南京：江苏教育出版社1995年版，第312页。

② 游光绎：《鳌峰书院志序文·阿林保序》，载赵所生、薛正兴主编：
《中国历代书院志》第10册，南京：江苏教育出版社1995年版，第270页。

名举人。从康熙四十五年（1706 年）至嘉庆十年（1805 年）的各科会试中，共有 155 名鳌峰学子中进士（其中包括少数在书院创办之前考上的举人与进士）。乾嘉年间鳌峰科考尤为兴旺，每科都能考中 30 ～ 40 名举人。嘉庆三年（1798 年）戊午科乡试，鳌峰竟有 50 多名考生中举。[①] 这些都显示鳌峰书院举业的盛极一时。科举业日渐兴盛的同时，书院内敦行理学的气氛却日益消减。这些也体现诸生学业功利化的倾向。鳌峰书院学风的另一个重要转变是经史考证之学的萌生。"说文考证尚矣……诸子及杂驳难稽之书，群相诵习。"根据院志，在书院首倡汉唐注疏考据之学的是第十七任掌教张甄陶。张甄陶，号惕庵，侯官人，乾隆丙辰科进士。曾主云南五华、贵州贵山书院。乾隆丁酉归里，遂主鳌峰书院三年。[②] 张甄陶少枕葄经史，自天文、地理、乐律、兵法、水利、河防、农桑、方技之书无不周览。在京城时曾与大学士朱轼、方苞、李绂等交游，三人"德业相勖，学益进"[③]。在鳌峰，张甄陶"以经术绳诸生，又性刚，不中程辄厉声色。诸生习疏纵，骤难就约束，盖断断殆岁，先生力持之，久而后驯焉。庚子（1780 年）已后，士竞讲注疏之学，虽由竹均学士、耳山副宪两督学提唱，要胚胎于先生也"[④]。在张甄陶的严厉教导下，鳌峰书院诸生开始研习汉唐注疏之学。

---

① 参见许维勤：《论鳌峰书院及其对闽台教育文化的影响——兼及闽台学缘》，《福建论坛》（文史哲版）2000 年第 6 期。

② 游光绎：《鳌峰书院志》卷二，祠祀，载赵所生、薛正兴主编：《中国历代书院志》第 10 册，南京：江苏教育出版社 1995 年版，第 298 页。

③ 陈寿祺：《张甄陶传》，载陈寿祺：《左海全集·东越儒林后传》，清道光年间陈氏刻本，第 49 页。

④ 游光绎：《鳌峰书院志》卷二，祠祀，载赵所生、薛正兴主编：《中国历代书院志》第 10 册，南京：江苏教育出版社 1995 年版，第 298 页。

乾隆中叶，纪昀、朱珪等人相继任福建学政，三人本以网罗朴学士人、提携汉学后进著称。在福建，他们注意扶持有志于经史考据之学的学人，为福建汉学的勃兴起到重要的推动作用。其中朱珪与鳌峰书院的关系较为密切。由于朱珪曾长期在福建为官，对当地的情况较为熟悉。在任福建学政之前，他曾在乾隆二十五年（1760 年）任福建粮道，乾隆二十八年（1763 年）升任按察使，且于乾隆己亥（1779 年）主持福建乡试。乾隆四十五年（1780 年）继其兄任福建学政后，朱珪采取了一些措施，力图改变闽人在学术方面的落后面貌。谢章铤说：

> 国初吾闽不矜淹洽经书，时文以外多置不理。自朱石君珪督学，以通博倡庠序……列郡靡然从风，而俗习一变。沿至嘉庆中年，若《竹书纪年》、若《汲冢周书》、若《山海经》、若《博物志》及一切谶纬传记，无不牢笼于八股中。故尔时文字虽驳，并非空疏者所能措手。究其始，则惟文正一人启之也。①

在任粮道观察使时，朱珪就参与管理鳌峰书院（据院志，粮道负责书院院产及经费，并参与课士），在诸生中"拔时髦二十八人，令联一社，曰读书社，授以治经作文之法。梁斯志上治、岱岩上泰、九山上国、郑苏年光策、林畅园茂春、龚海峰景瀚、林樾亭乔荫为领袖，叶毅庵观国、孟瓶庵超然、林醇叔

---

① 谢章铤：《围炉琐忆之一》，载谢章铤：《赌棋山庄全集·笔记》，台北：文海出版社 1974 年版，第 2426 页。

（左侧竖排书名）鳌峰书院与嘉道间闽台学风变迁研究

昆琼、昆仲诸先生皆与焉"①。明清福建学者本有结社的风气。"闽人谓社曰会，小试之年，大比之岁，立会者无虑数十。"②自朱珪倡联读书社，在闽省传统的饮酒作诗之会中，融入经史考据之学，使文会成为学人研习交流各种学术的集会，促进福建学风的转变。在读书社内，社人各就其性情所近，从事不同的学问：

> 或好宋儒言性命之学，或好求今世之务，或耽考订训诂及金石文字，又或旁及二氏，如斯明有美允默，皆有逃禅之癖。而述善则尤喜导引吐纳家言。儒林文苑之间，杂以仙佛命俦，啸侣不名一格焉。③

读书社自乾隆三十年（1765 年）到乾隆四十四年（1779 年）间颇为活跃，社员中人才辈出，治学倾向较为广泛。孟超然是乾隆年间闽省最有名的程朱学者，郑光策以开创嘉道之后闽省经世致用之学著称，其他人如龚海峰、林樾亭除了以诗文闻于时，更醉心于经史考据之学。林樾亭所治礼学被陈寿祺视为"盖陈氏（光地）之支裔"，是乾隆年间在福建萌生汉学的代表人物。读书社的出现是嘉道以前闽省学术界分化的前兆。黄保万认为读书社"打破了康熙以来复兴理学的樊篱，不同学术见解，自

---

① 谢章铤：《课余续录》卷二，载谢章铤：《赌棋山庄全集》，台北：文海出版社 1974 年版，第 3038 页。

② 谢章铤：《课余续录》卷二，载谢章铤：《赌棋山庄全集》，台北：文海出版社 1974 年版，第 3090 页。

③ 郑光策：《林樾亭乔荫六十寿序代郑存敦作》，载郑光策：《西霞文抄》卷上，清刻本，第 61 页。

由争辩"。朱珪组织读书会目的也在于为培养汉学萌芽创造条件，改变福建的学术风气。继读书社而起的是殖榭。"读书社颇零落，则陈恭甫又倡以实学，名曰'植社'。盖取不殖将落之义。"① 陈寿祺曾记曰："往寿祺与同人倡为通经复古之学，以时群集课业，命曰殖榭。"② 相较于读书社，殖榭诸生更专于"通经复古之学"，士人学风转变可见一斑。殖榭中，陈寿祺后来蔚为一代经师，其他如谢震、万世美、林一桂皆长于考据之学，尤见长于治礼学。

乾隆中叶后，虽然孟超然掌教鳌峰书院时仍以居敬穷理、检身实践为要，以朱子为归宿。然而，学术风气的转变已是大势所趋。郑光策主掌鳌峰后，首倡经世致用之学，陈寿祺继之在考课中加试经史诗赋，培养经史之才，鳌峰书院逐渐形成诸学并举的局面。

第二节　嘉道间鳌峰书院的学术与教育

嘉道年间，鳌峰书院先后由郑光策、游光绎、陈寿祺、林春溥四任山长掌教。除了游光绎因为疏于管理书院被巡抚辞退，其他三任掌教都曾努力振作书院学风，倡导经世致用与经史考据的学风，并培养出一批相当有作为的弟子。

---

① 谢章铤:《课余续录》卷二，载谢章铤:《赌棋山庄全集》，台北：文海出版社 1974 年版，第 3089 页。

② 陈寿祺:《赠林丈敬庐序》，载陈寿祺:《左海全集·文集》卷六，清道光年间陈氏刻本，第 28 页。

乾隆年间鳌峰书院的最后一位掌教孟超然学宗朱学，"于学无所不窥，而以朱子为归宿"。他在鳌峰教士八年，"接引后进，激发以诚，人人相劝，翕然向风，从游者几千人，学舍至不能容……论者谓不减漳浦蔡文勤主讲时也"[1]。死后入祀鳌峰名宦名师祠，陈寿祺、梁章钜等皆出其门下，可谓造士颇多。但他面对汉学的冲击，也只是要求谨守朱子学，提不出整顿学术门墙的新见。于是，对鳌峰书院的学风进行全面革新的任务就落在了第22任山长郑光策身上。

郑光策（？—1804年），字琼河，又字苏年，闽县人。少时入朱珪组织的读书社，是朱珪的入室弟子。曾因触犯和珅辞官返里，遂全心研治经世之学："甲辰（1784年），恭遇南巡盛典，赴杭州行在献赋。与江浙绅合试于敷文书院。监试者为故相和珅，独于御座下脚几坐收试卷，纳捐者必屈膝，先生侧目之，愤形于色。乃约闽士林樾亭、王兰江等六七人以长揖退，和绅衔之，遂束闽卷不阅。时江浙士皆窃笑之。先生洒然返里，不以为然，益肆力于学。"[2]郑光策掌教鳌峰书院三年（1802—1804年），在院中倡导经世致用之学，被认为是嘉道间闽省经世致用之学的首倡者。他推行的具体措施及影响将在下节展开论述。

郑光策的继任者是游光绎。游光绎（1758—1827年），字彤卣，一字礵田，霞浦人，乾隆己酉（1789年）进士。曾任御史，"以言事不当镌秩归"。郑光策去世后，游光绎接任，一直到被

---

① 陈寿祺：《为孟考功夫子请祀乡贤呈词》，载陈寿祺：《左海全集·文集》卷十，清道光年间陈氏刻本，第35页。

② 郑光策：《郑苏年师》，《归田琐记》卷四，清刻本，第74页。

迫去职，前后掌教鳌峰"垂二十年"（1804—1822 年）。[①]但其任教的声誉并不好，张际亮曾描述过游光绎掌教时的情形：

> 惟待士流于宽弛，不亲督课文艺，颇寄兴博塞，致稍损其声望。……论曰：嘉庆戊寅，余以学使檄入鳌峰书院，然余实赁居于外，尝课日一至书院，而诸生乃不在院中课艺，其文率成于外，或经旬始纳卷，余以为无益也，遂不与课。[②]

游光绎掌教期间，虽屡次修订院规，嘉庆七年、八年、十年、十一年、十八年连连改订章程，严肃内外课升降之法与考场秩序，但成效并不显著，书院的经费管理、考课制度问题仍然严重。[③]而山长本人对书院的管理"流于宽弛"应负较大的责任。道光初年，新任巡抚叶世倬原在福建官宦多年，对鳌峰书院的情况较为了解，颇不满游光绎的疏纵管理，上任伊始即改聘山长，

---

① 张际亮：《游光绎传》，载张际亮：《交旧录传》，民国手抄本。又：张际亮曾两次肄业鳌峰书院，第一次肄业时，值游光绎任山长，书院管理松弛，院生专攻八股举业，张际亮十分不屑，失望而归。陈寿祺接任山长后，张际亮慕名再入书院，颇得陈寿祺赏识，为高第弟子。前后两次书院风气截然不同。以往叙述张际亮在鳌峰的肄业经历时，大都语焉不详，容易使人忽视书院对张际亮的影响。(参见张际亮：《游光绎传》，载张际亮：《交旧录传》，民国手抄本；陈衍：《福建通志·列传·张际亮》，台北：大通书局 1987 年版；王俊义：《张际亮的诗文与爱国思想》，载王俊义：《清代学术探研录》，北京：中国社会科学出版社 2002 年版。)

② 张际亮：《游光绎传》，载张际亮：《交旧录传》，民国手抄本。

③ 参见游光绎：《鳌峰书院志》卷四，院规，载赵所生、薛正兴主编：《中国历代书院志》第 10 册，南京：江苏教育出版社 1995 年版，第 306 ~ 309 页。

请在福州里居的陈寿祺接掌书院，以期重振书院学风。

陈寿祺（1771—1834 年），字恭甫，又字苇仁，号左海，又号珊士，晚号隐屏山人，闽县人。嘉庆己未（1799 年）进士，授翰林院编修，曾充广东、河南乡试考官，授记名御史。弃官归籍后，先后主讲清源、鳌峰书院。陈氏博学多才、学术造诣深厚，经学、小学、文辞学等靡不深究，著述颇丰。陈寿祺出朱珪门下，与张惠言、许宗彦、吴才鼎等同年，又与乾嘉名士钱大昕、段玉裁、王引之、阮元等交游切磋，在清代学坛有一定的影响。陈寿祺归里讲学时，有心振兴乡学，改变乾嘉以来闽学衰微、人心日鄙、士习日媮的情形。在掌教清源时，即"校艺外与诸生言修身厉学，不敢倦顾……诸生其多师于古，益亲以笃习，于礼益辨"。[①]清源书院风气一新，门下王捷南、陈庆镛皆睁睁有学之士。接掌省会鳌峰书院后，陈寿祺试图利用省会书院的影响来实现振兴福建学术的愿望。他在给阮元的信中说道："寿祺深忧桑梓人心风俗之敝，而德薄能浅，末由劝导，幸得贤大吏为之整率，私以回挽颓波在此一举。失今不为，沦胥何届？"[②]可见，虽然他开始屡辞巡抚聘请，主要是出于谦让之故，何况前任山长游光绎是被辞退的，其接任者自然有更多的顾忌，但其实内心是很愿意接掌书院的。果然，道光壬午（1822 年）正式接掌书院后，陈寿祺即给巡抚叶世倬上书，阐述他对闽省士风人心的担忧：

近岁三山人心日鄙，士习日媮，火炽波颓，未有止届。

---

① 陈寿祺:《泉州清源书院先贤祀位记》，载陈寿祺:《左海全集·文集》卷八，清道光年间陈氏刻本，第 13～14 页。

② 陈寿祺:《上仪征公夫子书》，载陈寿祺:《左海全集·文集》卷五，清道光年间陈氏刻本，第 30 页。

毁弃忠信，蔑侮老成，嗜利蒙垢，党邪附枉。其源由于义利不明，廉耻道丧，礼法荡失，是非颠倒。盖十有数年以来，狃于纵弛，而莫之儆，以迄于今。……人心士习至是，苟不急返，则他日败坏，益不可言。……窃谓为今之计，欲兴教化，莫若扫除而更张，欲更张之，莫若先察学行而后考文艺。①

陈寿祺

资料来源：叶衍兰、叶恭绰编：《清代学者象传》，上海：上海书店出版社 2001 年版，第 449 页。

---

① 陈寿祺：《与叶健庵巡抚书》，载陈寿祺：《左海全集·文集》卷五，清道光年间陈氏刻本，第 39 ~ 40 页。

并阐明掌教主张：

> 受聘之始，以为善风俗在正人心，正人心在厉行义、尊经学。因条具规程十余事。大略访学行以汰浮诡，建课所以严防闲，择监院以谨稽察，屏蠹士以儆放恣。[①]

另作《义利辨》《科举论》《知耻说》三篇警示诸生，并宣言："士学古立身，必先重廉耻而敦礼让。廉耻重而后有气节，礼让敦而后有法度，文艺科名抑其末也。"[②] 这一连串的措施，显示陈寿祺早已成竹在胸，他的建言既是针对游光绎掌教时书院的种种痼疾，也是他振兴闽省学风的想法，这恰好与巡抚叶世倬的想法不谋而合，于是得到巡抚的大力支持。

陈寿祺在鳌峰书院所采取的措施大体有如下几条：其一，"访学行以汰浮诡"。即从招生规章入手，改变以往单由考课文艺决定优劣的招生方法，加强对考生品行的甄别。他认为："今所试之文乃一日之短长，一篇之得失。且其文真赝尚不知，奚由定其优劣高下？"提议仿张伯行创院时的做法，博采知名士，让各郡县地方教官推举"孝弟有学，廉洁过人者，通经道古，秀异有才者"，然后复加考核，再由守令资送省会，"届期集于学使院，严密关防，一再局试，录取如额大约生童近三百人而止"。最后再到书院"徐加考察，以时升降去留，庶几披榛采兰，十得六七"。这样经过层层严格选拔秀异，使得"负笈者观感而奋

---

① 陈寿祺：《上仪征公夫子书》，载陈寿祺：《左海全集·文集》卷五，清道光年间陈氏刻本，第29页。

② 陈寿祺：《示鳌峰书院诸生》，载陈寿祺：《左海全集·文集》卷三，清道光年间陈氏刻本，第18页。

兴,挟荚者闻风而交劝,事半而功倍之道也"。陈寿祺严加甄别诸生,集一省志行皆优之士于书院,除了是为创造一个勤学向上的学习氛围,防止不良之生厕其间,"为有志者累",也是为利用鳌峰书院作为一省文教中枢的影响,树立勤心向学向行的榜样,振奋全省之士,以达到回挽日益颓废的士风。如果这样仍无法达到目的,那么"则取生童之少年,习染未深者,熏陶培育,必有所就,胜于粉墨杂糅,顽钝难成者多矣"。可见,陈寿祺大有不达目的不罢休的决心。其二,"建课所以严防闲"。在院中改革规章,悉心培养诸生。陈寿祺教士的要求全面且严格:"以为设教之要,曰重廉耻,曰尚经学,曰体貌不可不优,曰董戒不可不严。"如果诸生"或有一二行止不端,不遵约束者,皆斥除,并移咨列宪,永不准再行投考,以示惩儆,此亦厉廉耻之一端也"。并针对游光绎掌教时出现的"近习宽纵无忌,衣冠不齐,出入无禁,礼法沦弃,罔识检押"等情况,要求"今请严设规条,豫张告诫,约束坚明,使士皆范围于矩镬之中,优游于逊悌之路。习之既久,足以变化气质,养成器局"。其三,崇经学、厉行义。鳌峰书院科名虽盛,"苟徒恃时艺试律,以为科举之羔雁,恐不足以收暗修耆古、博物闳远之奇俊。此文贞所谓虽科名盛如吴越,非所以振起育成之本意者也"。[①] 故陈寿祺改革书院旧有考课章程,"以师课之一兼课经史、古文词",以此"宜可兴倡实学,搜获异才"[②]。陈寿祺把崇尚经学、厉行道德作为拯救世风人心的药方。其四,崇礼貌,厚赏优异。陈寿

---

① 陈寿祺:《与叶健庵巡抚书》,载陈寿祺:《左海全集·文集》卷五,清道光年间陈氏刻本,第41~42页。

② 陈寿祺:《与叶健庵巡抚书》,载陈寿祺:《左海全集·文集》卷五,清道光年间陈氏刻本,第42页。

祺认为朝廷"既以养贤育才为名，则不可不崇礼貌以劝之"。建议"拔萃出群、好学不怠者，倍其廪饩，优其奖赏"。要求官员时常到书院奖赏优异，"使贤者濯磨而自贵，愚者愧厉而自新，岂不美哉"①。其五，严格监院人选。"若夫监院必择老成廉正晓大体者，令之实力稽察，毋有徇隐、傔从、吏胥、门役、厮养之属，毋许婪索以困远来，违者必绳以法。"监院乃院长左右手，其优劣和尽职与否相当重要。陈寿祺建议仿照以往做法，"常设两学掌择试用，令学问优者为之，陈勾山其一也"②。另外，陈寿祺鉴于以往设斋长一职容易在院生中引发纠纷，建议取消斋长之名。

尤为重要的是，为了使其革新措施顺利得到推行，陈寿祺主动提出"假学使之权以行之"，确立山长在书院相对自主的权利。"徒善不足以为政，徒法不能以自行，其要又在大吏及山长相与有成而已，而学使惩罚之权亦不得不假之以行也。"陈氏举往例，认为："夫欲教之易施，而法之易伸，非委进退之权于山长，其势固万不可得。彼诸生之贤否，可以欺大吏，不可以欺其师。苟山长之所进退失其道，或容忍而徇私，易其位可也。否则山长欲绌一人而不得，不贤者夫何忌惮之有？阁下鉴观往事，

① 陈寿祺：《与叶健庵巡抚书》，载陈寿祺：《左海全集·文集》卷五，清道光年间陈氏刻本，第42页。

② 陈寿祺：《与叶健庵巡抚书》，载陈寿祺：《左海全集·文集》卷五，清道光年间陈氏刻本，第43页。又：陈寿祺掌教书院时，监院都是经过严格挑选的。据刘家谋回忆跟随陈寿祺在书院求学时，陈震耀任监院。陈震耀就是一名关心社会民生的典范。适逢福州米贵，陈震耀上言掌教陈寿祺，请大府弛海禁，让台湾的大米内运数万石，缓解了福州的米困。（参见刘家谋：《奉陈星舟（震耀）丈》，载刘家谋：《观海集》卷四，台北：台湾省文献委员会1997年版。）

自有权度，宜无俟不肖之断断固执，而后听焉者也。至于修己之序，讲学之要，治经立言之道，则在山长之所以教之而已。……惟阁下裁之。"① 因为在陈寿祺之前，游光绎掌教书院达二十年，鳌峰书院诸生已经习惯疏纵的生活，苟骤行严规，必会产生不少怨言，所以山长的权威必须得到巡抚的鼎力支持，才能保证新的措施得到施行。另外，前任掌教游光绎是被巡抚叶世倬解聘的，这对于山长树立威信很不利，如果巡抚对改革还有不满意的看法，难保不会再行解聘山长之权。所以陈寿祺先行约法三章，为在书院施行变革奠定权利基础。

纵观陈寿祺的改革方案，从招生、考课、学行到监院人选、院长权威，全面整饬书院内外事务，涉及书院教育与管理的各个方面，显然不是一时的心血来潮，透露出他力图通过改造省会书院来实现振兴福建学界的深谋远虑。而他给书院带来的一个显著变化就是提倡经史考据之学，培养有志于通经致古的弟子。陈寿祺把崇尚经学作为扭转学风的一个重要途径，他认为："若夫士子读书，患在学无师法，墨守讲义，猎取浮华，而不知为通经复古之业。"这里有一个小插曲，当时清廷有意调阮元督闽，陈寿祺听闻此消息，立即致信阮元，希望阮元来闽后"望有以提唱而裁成之"。并表示愿意为阮元推荐"绩学端良之士"，以资延

---

① 陈寿祺：《与叶健庵巡抚书》，载陈寿祺：《左海全集·文集》卷五，清道光年间陈氏刻本，第44页。

访。① 不久，陈寿祺又听说阮元因丁忧，拒绝夺情，未赴任，赶紧又去信阮元表歉意。阮元一向以扶持汉学、提振学风名世，广东的"学海堂"即是一例。而我们可以从陈寿祺略显唐突的言辞中看出他改变福建汉学研究落后局面的急迫心情。

陈寿祺在鳌峰掌教十二年直到去世，之后林春溥继任掌教。林春溥（1775—1861年），字立源，号鉴塘，嘉庆壬戌（1802年）进士，长于史学，主教鳌峰时延续了陈寿祺的做法，"教人务敦本，重立品，衡文亦必以法度……在鳌峰最久，匠成者盖不下数百辈焉"②。由此，鳌峰书院在嘉道年间的学风转变大体表现在整顿士风以及经世之学和经史考证之学的兴起，逐步形成诸学并举的气氛。

一、从务俗学到倡实学

乾嘉以后，鳌峰书院科举渐盛，院中诸生专习八股帖括之学，书院变成专营考课举业之所。郑光策认为：

> 夫国家建立书院，所以辅学校而成教化，学校为考课之地，而书院则为朝夕讲肆，豫储其学之所。古大儒与其同志

---

① 陈寿祺：《上阮侍郎夫子书》，载陈寿祺：《左海全集·文集》卷五，清道光年间陈氏刻本，第4页。又：陈寿祺出身阮元门下，辞官后曾在阮元创建的诂经精舍教书，并受托编撰《经郭》。阮元移节广东后，曾欲招陈寿祺入幕，被陈寿祺婉拒。与阮元较为亲密的关系，可能是陈寿祺期望阮元接受夺情督闽的原因之一。而阮元一贯以扶兴地方汉学名世，这与陈寿祺在闽省所做的努力一致，所以陈寿祺希望阮元督闽也可能有振兴福建汉学的考虑。若当初阮元未拒督闽之命，"学海堂"可能会兴于福建。

② 林春溥：《墓志铭》，《竹柏山房十五种》卷首，清道光乙未（1835年）竹柏山房刻本，第2页。

商榷至道，潜修鸿业。所以上绍往圣，下开来学。内以淑身，外以经世，往往由此。故其所系为甚重。①

陈寿祺也重提张伯行创建鳌峰书院时讲学修书的初旨，希望恢复书院治学修身的传统，重振实学风气。

郑光策把"经邦济世"之学作为其治学与教学的宗旨，提出："古之为教者必讲明夫修己治人之术，经邦济世之方，可以做而言，起而行。""后世所教而课者，词章而已，不必称夫古也……是故所用者非所习，所习者非所用。"②郑光策教学诲人以立志为本，"谓志定而后，教有所施。又不欲人急于著述，谓古圣贤之学，大抵先求诸身。既修诸身，即推以济于世，随其大小浅深，要必由己及人。至万不得已，始独善其身，思有所传于后"③。郑光策指出：

> 凡经世有用之学，必当渐知讲求以应知己之一日之用，此亦渐趋于务实之势也。否则糊名易书仅卜于一日文艺之短长，其幸得幸失，虽曾闵亦与盗跖同科，人又所何畏而必谨德行，何所慕而必重实学乎？④

---

① 郑光策：《募修越山书院序》，载郑光策：《西霞文抄》卷上，清刻本，第40页。

② 郑光策：《拟欧阳文忠本论》，载郑光策：《西霞文抄》卷上，清刻本，第12页。

③ 梁章钜：《郑苏年师》，《归田琐记》卷四，北京：中华书局1981年版，第75页。

④ 郑光策：《拟欧阳文忠本论》，载郑光策：《西霞文抄》卷上，清刻本，第13～14页。

为改变鳌峰诸生醉心八股举业、弃治学修身于不顾的风气，郑光策改变以往专课制艺的做法，在每月两师课中，一课制艺，一课古文、论志、考辨诸体，"期学者力经史之学，毋泪时艺"[1]。郑光策还期望诸生要有"不已"的求学治世精神，成为"明体达用"的有用之才。

陈寿祺把培养实学人才作为其育人目标，为了改变书院长期疏于治学、究心科举的情况，特意制定《鳌峰崇正讲堂规约八则》，专门开列了详细的书单让院生在藏书楼潜心钻研。其中专门开列了经济书籍一门，让有志经世的学生潜心研读，掌握经济之学。

> 经济之书则《通典》《文献通考》《续文献通考》《大学衍义补》《思辨录》《读史方舆纪要》《郡国利病书》《农政全书》《行水金鉴》《武经纂要》《虎铃经》《荆川武编》《筹海图编》《纪效新书》《历代名臣奏议》《明臣奏议》《大清会典》《皇朝三通》《御纂律吕正义后编》《御制数理精蕴》《御定仪象考成》，所以通知古今，可施实用，此皆问政之津梁也。[2]

陈寿祺希望学生广其学问，成为通经致用之才：

> 儒者穷经将以致用。宋胡安国设教苏湖，立经义治事二

---

① 游光绎:《鳌峰书院志》卷五，掌教，载赵所生、薛正兴主编:《中国历代书院志》第10册，南京:江苏教育出版社1995年版，第311页。

② 陈寿祺:《鳌峰崇正讲堂规约八则》，载陈寿祺:《左海全集·文集》卷十，清道光年间陈氏刻本，第62页。

斋，故湖学人才最盛。近世学者，研经考史，已难其人，进而正谊之功、济时之学益弃，若土苴莫能讲明，不知国家立法取士，小试兼经解、诗赋，乡会试兼经义、论策，诚欲收罗硕学鸿才。不徒专恃讲章、时艺、经解、策问，尤使学者平日探索典训，辨核是非，讨论古今，通知时务，处可立言以传世，出可敷政而佐时也。①

另外，陈寿祺在师课中加入古学、经解、史论、杂体诗赋，以促进学生学习的积极性：

本山长自忝尘此席，每月加课经解、史论、策问、诗赋等，亦仰体国家取士之方，施之程课，固非苛求备责，强人以所不能。大比之年，四书艺外，经解、策问尤皆诸生所当究心。每月发题加课，有志向上者，各宜讲求条答，毋得视为具文，畏为难事。②

作为一院之长，郑光策、陈寿祺等身体力行，关心闽省时政，热心当世之务。台湾林爽文事变时，郑光策曾屡次上书督抚，献"经理台事八条"与"经理内地四条"，为平定叛乱出谋划策。③ 平定林爽文叛乱后，郑光策接着上书建议处理台湾善后

---

① 陈寿祺：《鳌峰崇正讲堂规约八则》，载陈寿祺：《左海全集·文集》卷十，清道光年间陈氏刻本，第58页。
② 陈寿祺：《鳌峰崇正讲堂规约八则》，载陈寿祺：《左海全集·文集》卷十，清道光年间陈氏刻本，第58页。
③ 参见郑光策：《上福节相论台事书》，载郑光策：《西霞文抄》卷下，清刻本，第10～21页。

事宜，深得当权者赏识，建议屡被采纳。① 对于乾嘉之间社会诸种问题，尤其关于吏治、河政、盐政、粮政等方面，郑光策都有独到的见解。② 他在鳌峰书院培养的林则徐、梁章钜、李彦章等弟子都是嘉道年间有名的经世之才。林则徐在河道治理方面的思想，李彦章的吏治思想都受郑光策的影响。③

陈寿祺回乡执掌清源、鳌峰等书院时，同样热心乡梓事务。他曾上书阮元、巡抚叶世倬等阐述嘉道间福建的诸种社会问题，即米价过高、乡间械斗、盐枭之乱、花会盛行，他认为根治吏治腐败等乃是整顿闽省的首要问题。④ 在给巡抚的信中，陈寿祺表达自己的看法："窃惟今日事势之大且急，而切于治闽者数端：曰责吏职，曰严吏课，曰养民财，曰正浇俗，曰除莠慝，曰汰游食，曰锄蠹胥，曰行劝罚。"⑤ 又补充几条："今日省治之急务又有数端：一曰民食宜充……一曰民贼宜去……一曰邪教宜防……

---

① 参见郑光策：《上中丞徐两松师书》，载郑光策：《西霞文抄》卷下，清刻本，第 22 ~ 24 页；《上中丞徐两松台湾善后事宜书》，载郑光策：《西霞文抄》卷下，清刻本，第 27 ~ 48 页。另参见刘新慧：《试论林爽文起义后清廷的善后措施》，《中国社会科学院研究生院学报》2001 年第 5 期。

② 参见郑光策：《与吴云衣先生书》，载郑光策：《西霞文抄》卷下，清刻本，第 49 ~ 52 页；《再与吴云衣先生书》，载郑光策：《西霞文抄》卷下，清刻本，第 53 ~ 54 页；《与福宁甄郡守论挑河书》，载郑光策：《西霞文抄》卷下，清刻本，第 64 ~ 68 页。

③ 参见徐晓望主编：《福建思想文化史纲》，福州：福建教育出版社1996 年版，第 230 ~ 233 页。

④ 参见陈寿祺：《上阮侍郎夫子书》，载陈寿祺：《左海全集·文集》卷五，清道光年间陈氏刻本，第 3 ~ 4 页。

⑤ 陈寿祺：《与总督桐城汪尚书书》，载陈寿祺：《左海全集·文集》卷五，清道光年间陈氏刻本，第 14 页。

一曰客民宜遏。"① 对闽省的弊政可谓有着全面细致的了解与分析。陈寿祺的经世致用思想同样影响了他的学生。门下如陈庆镛、张际亮、林昌彝、刘家谋、林寿图等都是嘉道年间经世思潮的代表人物。陈寿祺及其弟子和林则徐、梁章钜等人多有过从,以师友相互目之,相互鼓励,使闽省在嘉道之际成为经世致用思潮主要区域之一。

继陈寿祺之后,林春溥掌教书院时,同样关心地方利弊。嘉道间经世致用思潮在鳌峰书院是相当浓郁的。

二、从尊朱学到汉宋兼采

鳌峰书院与清代福建朱子学的复兴关系极其密切。理学名臣李光地、蔡世远都曾在此讲过学。书院也培养出蓝鼎元、雷鋐、孟超然、陈庚焕等几代杰出的理学学者,俨然为福建的理学重地。乾嘉以后,书院崇尚理学的风气逐渐消退,反映了福建的朱子学整体性没落。同时,在张甄陶、朱珪等人的影响下,汉唐注疏之学逐渐在鳌峰书院兴起,最终取代理学的主体地位,成为嘉道间鳌峰书院学术转化的一个主要内容。

在郑光策掌教之时,书院已不再像孟超然时那样默守程朱理学。郑光策少时曾入朱珪组织的读书社,接触和参与了不同学术观点的论辩。他本人赞同朱子学的思想:"使世之为师者,皆如周程张朱之流,务守正道,而以教化为己任,诱翼奖励,劝使天下各成其材而后安。"② 但他更专注于经邦济世之务,把治学著

---

① 陈寿祺:《再与总督桐城汪尚书书》,载陈寿祺:《左海全集·文集》卷五,清道光年间陈氏刻本,第23～24页。

② 郑光策:《续师说》,载郑光策:《西霞文抄》卷上,清刻本,第2页。

述置于第二位："故《大学》开章首曰明德，下即曰新民。盖成己成物为圣贤之正传。至万不得已始独善其身，思有所传于后。故孔孟著书大抵皆属晚年。道既不行而后事此。当其初固皆以行道济时为汲汲也。"① 至于治学，他认为除子书不必学，其他尽可随其兴趣而学，关键是要先有自己的志向：

> 然则居今日而言。著书大抵只有数端：经学也，史学也，诗赋古文词之学也。其中又分两类：经学史学有专求义理者，有专主考订者；诗古文词之学有专摹家数者，有泛滥以博瞻见长者。此必须定所趋向。如从事经学当以何经为先，此一经何者为根本，何者为附益，如何讲求，以为折衷。又以此一经作者林立，今尚缺何等义类，我当如何研求以补前人之缺。夫有所从事则志不纷，将来成就始有裨于世。若泛泛然如水中之萍，或抱残守缺，拾人残沈，自以为独见，又何缘能垂世而传于后乎？②

郑光策门下弟子也都以治经世吏治之学为主，无严明的学术门户之见。

鳌峰书院由尊崇程朱之学到提倡汉宋兼学的转化是在陈寿祺掌教时完成的。陈寿祺学宗汉学，但不排斥宋学，主张汉宋兼学，称得上是一位"兼汉宋、博古今的通儒"③。他早年在鳌峰

---

① 郑光策：《答谢生鹏南书》，载郑光策：《西霞文抄》卷上，清刻本，第 67 页。

② 郑光策：《答谢生鹏南书》，载郑光策：《西霞文抄》卷上，清刻本，第 67～68 页。

③ 史革新：《陈寿祺和清嘉道年间闽省学风的演变》，《福建论坛》2002 年第 6 期。

书院跟随理学名家孟超然,后又出汉学名臣朱珪、阮元门下。所交游的学者如张惠言、许周生等,都是嘉道汉学新风气的倡导者或实践者。[①] 他们对乾嘉汉学末流的诸种弊端相当清醒,并力图加以修正。陈寿祺的学术观点跟他们相近,对汉学的流弊深有体会。[②] 而陈寿祺所治之学颇得嘉道汉学新风,如主张汉宋兼采、提倡学术经世、研治今文经、注重礼学研究与实际应用等。陈寿祺把崇尚经学研究作为回挽士风的一个重要方法,这是他学术经世主张的一个体现。他在鳌峰书院把"崇经学"作为设教之要:"李文贞言其乡实学衰歇,至明季而大敝,欲兴之者,舍崇经学、厉行义则无望复古矣。……经学崇则浮华寡陋之弊亦去矣。"[③] 由此,陈寿祺一方面加课经史、古文、诗赋,一方面注意收罗培养有志于经学研究的后进,"宜可兴倡实学,搜获异才",逐步在鳌峰书院培养起崇尚经学的风气。

除了加课经史实学,陈寿祺充分利用鳌峰书院丰富的藏书,并把自己的藏书拿出来,分门别类指导诸生博览群书,"尽发书楼所藏经籍,俾诸生博观而精择之。欲其讨论古今,通达时务,以为穷经致用之本"[④]。同时指导诸生读书路径:

> 四部浩如烟海,学者不独不能遍观,亦且不能多购。然

---

① 参见陈居渊:《论乾嘉汉学的更新运动》,《中国史研究》2002 年第 4 期。

② 钱穆:《中国近三百年学术史》,北京:商务印书馆 1997 年版,第 629 页。

③ 陈寿祺:《与叶健庵巡抚书》,载陈寿祺:《左海全集·文集》卷五,清道光年间陈氏刻本,第 42 页。

④ 林昌彝:《恭请陈恭甫先生入祀鳌峰名师祠》,载林昌彝:《林昌彝诗文集》卷十五,上海:上海古籍出版社 1989 年版,第 340 页。

材质稍胜者，皆可日积月累，以底充富。当先择取精要，用力研寻，既省泛滥之病，亦收精熟之功。如读经必观传注，朱子《论孟集注》《学庸章句》外，《御纂四经传说》《钦定三礼义疏》，固学者所当服习，《十三经注疏》颁在学宫，本以待高才嗜古者从事于斯，其中《毛诗》《礼记》二经正义当先玩阅，次及《周礼》《仪礼》《左氏传》注疏，其余酌择观之可也。（《孟子》伪疏，浅陋勿观）此外，则唐李鼎祚《周易集解》，宋严华谷《诗缉》、卫正叔《礼记集说》、王与之《周礼订义》，元敖君善《仪礼集说》，国朝盛龙里《仪礼集编》、惠半农《礼说》、惠定宇《九经古义》、陈见桃《毛诗稽古篇》、胡朏明《禹贡锥指》、顾复初《春秋大事表》、阎百诗《古文尚书疏证》、段懋堂《古文尚书撰异》、孙渊如《古文尚书注》、阎百诗《四书释地》、江慎修《乡党图考》、邵二云《尔雅正义》，此皆经说之渊薮也。

许叔重《说文解字》，陆元朗《经典释文》《广韵》《集韵》《群经音辨》《韵会小补》，顾氏《音学五书》，段氏《说文注》，曲阜孔氏《诗声类》，高邮王氏《广雅疏证》，此皆小学之阶梯也。

史则《史记》、两《汉书》、《三国志》必当熟看，庶得唐人三史立科之意。其余历代各史，视材质功力有余及之可也。此外，《国语》、《国策》、《资治通鉴》、《通鉴纪事本末》、《御批通鉴辑览》、《通鉴纲目三编》、邵二云《续资治通鉴》、谷应泰《明史纪事本末》，均学者必读之书。《史通》可明体例，《路史》《绎史》可资博闻，是亦其次。此皆史学之川渠也。

子则周、秦、汉、魏、晋诸家，宋五子书及元明儒家著述，均各有所得。在学者明辨而审取之。

考订之书则陈氏《礼书》、江氏《礼书纲目》、秦氏《五礼通考》、《通志略》、《山堂考索》、《玉海》、《荆川稗篇》、《图书编》、《太平御览》，所以网罗放失，体大物宏。

……以上各种，学焉而各因其性之所近，聪颖者事半而功倍，迟钝者亦积小以成高。博学而孱守之，则一狐之腋，胜于千羊之皮；简练以为揣摩，则精骑三千，可敌游兵十万。至如疑质问难，触类引伸，神明领悟，存乎其人。然开卷有益，不至与扪烛扣盘者同讥矣。若一切腐烂讲章（如《四书大全体注》《阐注》等），下劣选本（如《古文析义》《古唐诗合解》等），谲诡诗文（如陈眉公、钟伯敬等），鄙陋兔图册（如《潜确》《类书》等），并当屏绝，勿污耳目。①

这份书单十分全面且详细，充分利用了鳌峰书院丰富的藏书资源。若按以上书单所开书籍用心讲究，研经考史，探索典训，再加上有陈寿祺的悉心指导，不出数年，也必可成为辨是非，穷变化，通时务，入可以立言以传世，出可以敷政而佐时的通儒。即使是以专门之学为目标去积书探讨，也会有得于心，成为大学

---

① 陈寿祺：《鳌峰崇正讲堂规约八则》，载陈寿祺：《左海全集·文集》卷十，清道光年间陈氏刻本，第 60～63 页。

问家。①也正是如此，陈寿祺的《鳌峰崇正讲堂规约八则》在福建各地被争相传抄，堪称治学指南。②林昌彝自言从学于陈寿祺时，师发书与之，使之受益匪浅，其经学实自陈寿祺启之，"余之知读书者，陈恭甫师之所铸也"。③

鳌峰诸生长期溺于俗学，故陈寿祺起初严格院规时，诸生并不驯服，陈寿祺曾在与友人信中抱怨：

> 受聘之始，以为善风俗在正人心，正人心在厉行义、尊经学。因条规程十余事。大略访学行以汰浮诡，建课所以严防闲，择监院以谨稽察，屏蠹士以儆放恣。大府推诚相孚，靡不听纳。然而不学之徒怨谤纷起，上下之间动多窒阂，此一小小措置耳，尚虞掣肘。若是安望教施而法行耶？④

陈寿祺在给林则徐信中也提到：

> 顷与大府商榷取士之法，先访举学行而后考察文艺。此于书院行之，诚不易之道。且亦张清恪始创鳌峰之旧章也。乃事甫发檄揭示，而不学者已谤议纷纷，人情狃于苟安，难

---

① 参见陈谷嘉、邓洪波主编：《中国书院制度研究》，杭州：浙江教育出版社 1997 年版，第 203 页。

② 参见杨浚：《陈恭甫太史鳌峰崇正讲堂规约》，载杨浚：《岛居续录》卷五，清光绪丁亥（1887 年）养云书屋刻本，第 1～4 页；创建于同治年间的省会致用书院也沿用了陈寿祺在鳌峰书院制定的学规。

③ 林昌彝：《海天琴思续录》卷一，清同治己巳年（1869 年）广州刻本，第 24 页。

④ 陈寿祺：《上仪征公夫子书》，载陈寿祺：《左海全集·文集》卷五，清道光年间陈氏刻本，第 29～30 页。

与虑始，殆可浩叹。[①]

在巡抚叶世倬的支持下，经过一番整治，终于使其措施渐显成效，"鳌峰近日规矩颇肃，旧习顿除，然稂莠犹有间厕其中者"[②]。

为了消除诸生惧怕读经的畏难心理，陈寿祺在规约中特意讲明研习经史有助于科考，并不比专攻八股制艺难，他说：

> 宋郑耕老尝综《论语》《孟子》《孝经》《周易》《尚书》《诗经》《礼记》《周礼》《左传》全文，数之共得四十八万字。准以中人之资，日诵三百字，不过四年半可毕。吾乡张惕庵先生云：今除《论语》《孟子》人人童而习之，外再益以《仪礼》《尔雅》《公羊》《谷梁》二传，亦不过五十余万字。以时文每篇七百字计之，七百余篇已有七十余万字。以彼易此，孰得孰失？孰优孰劣？愚者皆知之。然而卒鲜以彼易此者何也？病在欲速化而不暇为耳！不知五十年前墨卷盛行，举子胸累千篇时文而卒困于场屋者，不可胜数；其能研究经史文章，卓然自立，而竟为时命所堨者千百中亦未有一二。则多学之与浅学胜负较然明矣。况不学面墙，圣人所戒，徒守讲章八比，以弋科名，纵撷巍科登

---

① 陈寿祺：《与林少穆兵备书》，载陈寿祺：《左海全集·文集》卷五，清道光年间陈氏刻本，第52页。

② 陈寿祺：《答林少穆按察书》，载陈寿祺：《左海全集·文集》卷五，清道光年间陈氏刻本，第53～54页。又：王建梁根据陈寿祺在前与阮元信中感慨在书院改革难行，断定陈寿祺的努力没能成功。但是从陈寿祺前后给林则徐的信中所述，以及在鳌峰的教士成就，应该说，陈寿祺的努力是有一定成效的。（参见王建梁：《清代书院与汉学的互动研究》，北京师范大学博士学位论文，2002年，第129页。）

仕版，亦不免于伏猎金银之诮，又焉能安身以崇德，精义以入神耶？①

为敦促诸生勤学经史，防止进锐退速，一暴十寒，陈寿祺分发"程簿册"，让诸生"自记所业而行之"，并"按日所读经史古文等，照式填写课程簿，每逢十日汇呈讲堂，酌召面加考验，庶勤惰有别，不至徒托空言，亦不至长成玩愒"②。

在讲学中，陈寿祺循循加以指导：

> 先师讲学，必详经说，深于传注诂训。时稽诸生所习业，为之厘正句读、辨订伪误、详究音韵、分别训义。诸生执经问难，无不为之考核是非，折衷群说，缕析条分，明辨以晰。③

诸生肄业后，仍常与陈寿祺往复书信，陈寿祺在信中经常敦促学生学习，指导治学门径。陈庆镛曾提到：

> 恭甫夫子前主讲吾泉清源书院，因课私觊题文及郊禘考。庆镛时方年少，为夫子所赏，拔得受业焉。既而受《三礼》《春秋大事表》《说文》《广雅》等书，发疑辨难指画无虚日，暇则课读史汉，旁及文选词宗词律，提命益切。如

---

① 陈寿祺：《鳌峰崇正讲堂规约八则》，载陈寿祺：《左海全集·文集》卷十，清道光年间陈氏刻本，第59页。

② 陈寿祺：《鳌峰崇正讲堂规约八则》，载陈寿祺：《左海全集·文集》卷十，清道光年间陈氏刻本，第60页。

③ 林昌彝：《陈恭甫师请崇祀鳌峰名师祠事实》，载林昌彝：《林昌彝诗文集》卷十五，上海：上海古籍出版社1989年版，第340页。

第三章　嘉道间鳌峰书院的学风转变

69

是者积数年。旋主席鳌峰，离泉四百里，尝屡以手教来命稽
识达旨，务得古人堂奥，而于经师中许郑尤宜宗仰，然益苦
其艰而未有以得也。①

在陈寿祺的苦心栽培下，其门下弟子如孙经世、陈庆镛、林
昌彝、王捷南、张冕，在经学考据上都有所成。他们在治学上一
个共有的特点是以宗汉学为主，而道德修养兼学程朱。孙经世
"治经不名一家，以宋儒义理之说体之于身，而超然心契其微，
又深探训诂声音文字之原，而求之于经，能明大义，故先生尝谓
不通经无以为理学，不知声音、文字之原，无以通训诂"②。陈庆
镛尝自楹语云："六经宗孔郑，百行学程朱。"③林昌彝曾言："是
两汉名教，得儒经之功，宋、明讲学，得师道之益，皆于周、孔之
道，如日之中天，未可偏讥而互诮也。学者得其分合之道，则汉
学、宋学，一以贯之，而何门户之别哉！"④嘉道间，汉宋兼采已
渐成风尚，陈寿祺作为福建研治汉学风气的开启者，本身对程朱理
学并无大的门见，他的弟子也都以汉宋兼采为治学修身的途径。自
清初李光地、蔡世远复兴程朱理学，并持折中汉宋的态度，在嘉道
年间汉学兴起时，逐渐形成汉宋并重、兼收并蓄的新风气。

陈寿祺掌教书院不仅注重培养学生的经史考据兴趣，各因学
生的兴趣爱好加以引导，其门下弟子各有所成。陈寿祺虽宗汉

---

① 陈庆镛:《鳌峰载笔图题辞》,《籀经堂类稿》卷十二,清刻本,第19
页。参见陈乔枞:《题鳌峰载笔图卷》"晋江弟子庆镛"一目,清道光手抄本。
② 陈金城:《孙惕斋先生行略》,载孙经世:《惕斋经说》,清刻本,第
5页。
③ 陈庆镛:《籀经堂类稿·旧序》,清刻本,第3页。
④ 林昌彝:《汉宋学术论》,载林昌彝:《林昌彝诗文集》卷十一,上海:
上海古籍出版社1989年版,第241页。

学，但门下也有学以程朱理学而著名的，如刘存仁、梁文诸人。其他如张际亮、林昌彝等则以诗赋闻名：

> 故游先生之门者，若仙游王捷南之《诗》《礼》《春秋》诸史；晋江杜彦士之小学；惠安陈金城之《汉》《易》；将乐梁文之性理；建安丁汝恭、德化赖其瑛、建阳张际亮之诗古文辞，皆足名家。而惠安孙经世学成，早世其名，亦在《通志·儒林传》中。①

道光中叶以后，掌教鳌峰书院的林春溥也是一位"得宋学之醇，而兼汉学之博者"②。汉宋兼采的风气继续在书院得到发扬。

三、诸学并举的风格

陈寿祺非常注意根据学生的兴趣爱好及特长加以指导培养。门下许多弟子或诗，或考据，或性理，所宗不拘一格。林昌彝回忆陈寿祺教授诗赋时说："先师论文，必轨正体。精于文章流别，每与诸生讲业，历举汉、唐以来各家诗文集，明辨体裁，详溯源委，以示学者。使择取精醇，用力研究，以收纯熟之功，而归雅正之体。"③一如教授经史考据之学，陈寿祺首先开列历代文集，让学生潜心研读：

---

① 陈康祺：《郎潜纪闻三笔》卷四，载陈康祺：《郎潜纪闻初笔、二笔、三笔》，北京：中华书局1984年版，第723页。

② 林春溥：《墓志铭》，《竹柏山房十五种》卷首，清道光乙未（1835年）竹柏山房刻本，第2页。

③ 林昌彝：《恭请陈恭甫先生入祀鳌峰名师祠》，载林昌彝：《林昌彝诗文集》卷十五，上海：上海古籍出版社1989年版，第340页。

集则《昭明文选》《汉魏百三名家乐府诗集》《文苑英华》《古诗纪》《全唐文》《全唐诗》《唐宋十家古文》《历代赋汇》。唐李、杜、韩、白、高、岑、王、孟、韦、柳，宋苏、陆，金元遗山，元虞道园，明刘诚意、高青邱、何、李、王、李、高、苏门、陈卧子各家专集。选家，则《全唐诗录》《古诗选》《宋诗抄》《元诗选》《明诗综》《十二代诗选》，此皆文林之苑囿也。①

嘉道以后福建古文风气较盛。陈寿祺以一代经师名于世，而其在诗赋、文辞方面造诣也非凡才。许周生曾赞之："近时兼词章、经术而有之，且各极其精者，惟阁下深细古茂，实逾于竹垞、董浦两君，不朽之业断在是矣。"②阮元等人也颇推崇其诗词。清代闽省最有名的古文家是乾隆年间的漳浦朱仕琇，他曾掌教鳌峰书院十年，对鳌峰书院及福建的古文影响很大。陈寿祺虽然也承认朱仕琇的古文成就冠于闽省，但对他的批评也很严厉。他们在古文观点上的差异反映了当时汉学家与理学家在古文上的不同主张。陈寿祺评论朱仕琇的古文说：

梅崖（朱仕琇）之古文，娴于周秦两汉诸子及唐宋元明诸作家，功候最深，至可以抗古人于千载之上，而与之颉颃。惜其于经史均无所得，故虽有杰出数百年之才而终不能

---

① 陈寿祺：《鳌峰崇正讲堂规约八则》，载陈寿祺：《左海全集·文集》卷十，清道光年间陈氏刻本，第62页。

② 陈寿祺：《德清许周生驾部札》，载陈寿祺：《左海全集·文集》卷首，清道光年间陈氏刻本，第2页。

笼罩群雄，为一代冠者以此也。①

陈寿祺以为治古文应以经史学造诣为基础，并应注重实用，这与他极力提倡的经史致用的主张相一致。"寿祺窃以为治文词而不原本经术，通史学而（不）究当世之务，则其言不足以立。"② 对于当时盛极一时的桐城古文，陈寿祺也颇有微词：

> 往者王尧峰、方望溪诸子乘其时，海内文坛莫执牛耳。岸然高自位置，天下震于其名，附声逐影，群相引重，使坻阜几与嵩华齐高。由今核之，彼皆沾沾，未能脱时艺气。其说经不足臻精微，其致用无以究民瘼。而尧峰陵轹时流，肆其掊击。望溪不究义法，为李巨来所讥。钱晓徵詹事亦引金坛王若霖言灵皋以古文为时文，以时文为古文，论者以为深中望溪之病。乃其缪妄至公然删管荀、改史记，而不知其不中与管荀司马作舆隶。寿祺尝窃病而羞之。③

陈寿祺的古文观受他的经学观影响，以经史水平为重，对文辞要求则较轻。在古文造诣上，他更推重黄宗羲、全祖望、朱筠、张惠言等名家，说："梨洲、谢山长于史，其气健，皋文长于经，其韵永，白云长于子，其格高，笥河长于马班，其神逸，

---

① 陈寿祺：《与陈石士书》，载陈寿祺：《左海全集·文集》卷四下，清道光年间陈氏刻本，第32页。

② 陈寿祺：《答高雨农舍人书》，载陈寿祺：《左海全集·文集》卷四下，清道光年间陈氏刻本，第37页。

③ 陈寿祺：《与友人书》，载陈寿祺：《左海全集·文集》卷四下，清道光年间陈氏刻本，第52～53页。

皆可以为大家。"① 黄宗羲等人于经史各有所长，而在陈寿祺眼中，有深厚经学造诣是最难得的：

> 后世自两汉魏晋，迄唐宋元明，凡命为作者，虽有所得，有浅深高下之殊，其无悖于古之立言之恉一也。大较得于经者上也；得于史者次也；得于子者又次之；徒得于文，以为文者下也。要之以立诚为本，以有用为归。不诚则蔑以征信于天下，无用则蔑以传远于后世。②

在史馆任职时，陈寿祺曾拒绝陈用光把方苞与朱仕琇二人列入儒林传的要求，以为二者的古文疏经术、浅实用：

> 欲以梅崖与姚姬传两先生比于司马迁、董仲舒、刘向、扬雄、班、张、崔、蔡、马、郑之伦，跻之专传，窃犹未敢以为然。……姬传先生之文固在国初西河、尧峰之上，顾未知在起衰之功如何，寿祺不敢轻议，梅崖之古文……惜其于经史均无所得，故虽有杰出数百年之才，而终不能笼罩群雄，为一代冠者以此也。③

陈寿祺十分重视培养诸生的经史基础，倡实用经世之学，并融入他的古文、诗赋教育中，使其教学也有浓厚的朴学经世色

---

① 陈寿祺:《答高雨农舍人书》，载陈寿祺:《左海全集·文集》卷四下，清道光年间陈氏刻本，第37页。

② 陈寿祺:《答高雨农舍人书》，载陈寿祺:《左海全集·文集》卷四下，清道光年间陈氏刻本，第38页。

③ 陈寿祺:《与陈石士书》，载陈寿祺:《左海全集·文集》卷四下，清道光年间陈氏刻本，第32页。

彩。在陈寿祺的门生中如林昌彝、张际亮、刘家谋、陈崇砥、陈宝廉、林寿图、曾元澄等人的诗文中，常有读经史感想体裁的篇目。另外，在课试中赋文的内容占有一定的分量，这很能体现鳌峰书院教学时对经史学习的重视。相类似的是，同时期的以培养朴学学者著称的诂经精舍就很重视考课诗赋等文学体裁。① 赋是骈文体的一种，"名为赋体，终究是枕经就史，贯以文字、音韵、训诂，必须有深厚的朴学基本功才能驾驭自如"②。陈寿祺曾在诂经精舍任教过，他重视对鳌峰诸生赋文的锻炼，可能也是受了诂经精舍教学方法的启发。陈寿祺重视经史致用的创作主张在闽省学者中得到发扬。咸同年间，福州致用书院掌教梁章钜言："治古文者，治经、治史、治性情而已矣。于经求义，于史求例，于性情求固有之良，而尤以治经为最要。"③ 嘉道间福建最杰出的古文家高澍然与陈寿祺有师友之谊。高澍然古文师承朱仕琇，但也推崇陈寿祺的古文，常与之探讨古文写作的问题。其古文同样重视经史致用，有陈寿祺之风，他也批评朱仕琇的古文"经术疏而实用少"④。重视经史底蕴与经世实用，在嘉道以后，逐渐成为众多闽学者的共识。

---

① 宋巧燕：《诂经精舍的文学教学》，《湖南大学学报》（社会科学版）2003 年第 3 期。

② 宋巧燕：《诂经精舍的文学教学》，《湖南大学学报》（社会科学版）2003 年第 3 期。

③ 谢章铤：《赠言三篇示及门》，载谢章铤：《赌棋山庄全集·文集》卷三，台北：文海出版社 1974 年版，第 183 页。

④ 高澍然：《答陈恭甫先生书》（三通），《抑快轩文抄》上卷，陈氏沧趣楼选本民国三十七年（1948 年）校印。另参见陈寿祺：《答高雨农舍人书》（二通），载陈寿祺：《左海全集·文集》卷四下，清刻本。文集中还有一封《与友人书》，可能也是给高澍然的信。

在陈寿祺等人的提倡下，嘉道以后闽省出了许多著名的诗人，如张际亮、林昌彝等，闽诗得到了复兴：

> 夫今日则闽亦无派矣。十子提倡以后，逸而出者，为郑善夫。国初，鳌峰光禄诸老犹守林高矩镬。子而立者，为张超然。然郑张独唱，不胜众和。闽派固始终如故也。自萨檀河、谢甸男、陈恭甫诸先生出，讲求坚光切响，口称盛唐，实近王李。虽余于声而绌于情，而士风为之一变。亨甫始与其兄怡亭并学王孟，既以为不能远过，怡亭放手为之改弦更张，才气横逸，为恭甫先生所深许。然以较从前之家家似玉，户户皆花，圆澈稳秀之家法，则大异矣。①

而陈寿祺门下弟子多擅长作诗，当之时，互以师友相称，常以诗相和。林纾后来曾言："吾乡当嘉道间，陈苇仁太史（陈寿祺）为老师大儒持倡闽诗，同时张松廖、林香溪、郑修楼、许秋史诸先生造怀指事，各出其磊落慨慷之气，一时旗鼓张于东南。而南台翁蕙卿先生方以诸生伏处林麓，诗名蔚然，与诸先生追逐。"② 可见其时书院诗赋之风极盛。

纵观所论，嘉道年间，在郑光策、陈寿祺等山长的努力下，鳌峰书院出现了经世致用、经史考证、诗赋诸学并举的风气，各种人才辈出。而鳌峰书院乃聚一省之粹于一院，其学风的转变既是闽省学风迁变的体现，也会在一定程度上进一步推动全省学风的转化。

---

① 谢章铤：《又答颍叔书》，载谢章铤：《赌棋山庄全集·文集》卷四，清刻本，第 212 ~ 213 页。

② 翁时稚：《金粟如来诗龛集·叙》，清刻本，第 1 ~ 2 页。

第四章　嘉道时期鳌峰书院学风转变的意义与影响

嘉道以后，经世致用之学与汉宋兼采风气在福建的出现逐渐改变了原来闽省死守程朱理学、不思进取的学风面貌。这一变化与鳌峰书院学术特征的转型不无关系。作为一省的育才基地与学术重镇，鳌峰书院在闽省学术界地位举足轻重。本章根据嘉道间出身鳌峰书院的闽省官宦学者的影响来分析鳌峰书院学风变迁的影响。另外，本章还将通过陈寿祺总纂道光《福建通志》所引发的体例争议来探讨学风转型中的门户与人脉纷争，更全面地把握嘉道间学风变迁过程中闽省学界的面貌。

第一节　育才基地与学术重地

随着经世致用之学、汉学、古文、诗赋之风在鳌峰书院的兴起，嘉道年间鳌峰书院可谓人才辈出，而闽省也一改以往学风士风死气沉沉的景象。福建学者在全国的地位也有一定的提高。

一、经世人才的崛起

自郑光策在鳌峰书院首倡经世之学，以培养"经邦济世"的人才作为其施教宗旨。鳌峰书院出了不少经世人才，其中以林则徐最为出色。

林则徐

资料来源：叶衍兰、叶恭绰编：《清代学者象传》，上海：上海书店出版社 2001 年版，第 343 页。

林则徐（1785—1850 年），字元抚，又字少穆、石麟，晚号竢村老人，福建侯官人。嘉庆九年（1804 年）中举，十六年（1811 年）成进士。历任翰林院庶吉士、编修，国史馆协修，江南道监察御史，浙江杭嘉湖道，江南淮海道，江苏、陕西按察使，江宁、湖北、河南布政使，东河河道总督，江苏、广西巡抚，湖广、两广、云贵总督等职。林则徐曾在鳌峰肄业七年，后三年值郑光策任掌教，在书院的学习对林则徐经世思想的形成有一定的影响。① 在任疆吏时，林则徐在治理漕运、整顿吏治以及查禁鸦片走私等方面政绩杰出。尤其后来抵抗外来侵略，率先提出"师夷长技以制夷"，开启主动了解西方、引进西方技艺的先河。他的经世思想对福建乃至全国都有很大的影响。

与林则徐同时或稍后出身于鳌峰书院的经世思想代表人物还有梁章钜、李彦章、王庆云、张际亮、林昌彝、刘家谋等人。梁章钜（1775—1849 年），字闳中，又字茝林，晚号退庵，福建侯官人。乾隆五十九年（1794 年）中举，嘉庆七年（1802 年）成进士。曾任礼部主事，充军机章京，升用员外郎，授湖北荆州府知府。后历官江苏、山东按察使，江苏、甘肃布政使，广西、江苏巡抚。署两江总督。在任所励精图治，政绩突出，并留下大量的笔记散文，其中多有关于吏治、漕运等各种问题的论述。他曾刊刻郑光策的文集使其经世思想传于后世。

---

① 参见林庆元:《林则徐评传》，南京：南京大学出版社 2000 年版，第 207～209 页。

梁章钜

资料来源：叶衍兰、叶恭绰编：《清代学者象传》，上海：上海书店
出版社 2001 年版，第 455 页。

李彦章（1794—1836 年），字兰卿，侯官人，在鳌峰也出
自郑光策门下，"好读有用之书"。[1]曾官思恩。在思恩时，针

---

① 李彦章：《榕园文抄·自叙》，清道光二十年（1840 年）刻本，第 1
页。

对当地文化落后、民智未开的情况，首先重视地方教化，并督民垦荒，政绩突出。"君至，首辟阳明、西邑二书院，聚诸生而亲教之，日讲明孝弟忠信，尊君亲上之义、诗文流别。……思恩本边徼，至是去稚昧，纳于文明，比内郡焉。地故山多田少，君始督民垦弃地，相水大小远近，教为陂塘堰坝，第其勤者劳之，民乐趋功。先后以竣筑报者七百六十有六所，田亦倍扩，恒业有经矣。"接着，"乃请于大府，准闲田无科赋，民益歌舞焉"①。李彦章在思恩特别重视地方文教事业，在思恩首创书院，并且亲自传授学问，力图改变当地经学不明、文风未开的落后局面，其教学宗旨注重经世实用："问为政大纲不外兴利除弊。然兴利如理财，行一分则增一分之益；除弊如治病，早一日则得一日之安。"②他在阳明书院设实学、实用二斋，所涉猎的科目十分全面："分为经义、史论、道古、通今、德性、文艺、象舆、仓雅、礼乐、兵农、知音、读律、水利、算学、金石、书画十六轩，及濂学、洛学、关学、闽学、许学、郑学、选学、词学、古学、诗学十斋。"又在西邑书院设六斋："于汉学斋分为周易、尚书、古诗、三礼、三传五轩；宋学斋分为通书、定性、经传、正蒙、大全五轩；闲存斋分为聚仁、和义、明礼、藏智、履信五轩；博约斋分为博学、审问、慎思、明辨、笃行五轩；又于小学斋分为游艺、识字二轩；举业斋分为能赋、学文二轩。"③所设

① 高澍然:《高澍然序》，载李彦章:《榕园文抄》，清道光二十年（1840年）刻本，第1页。

② 李彦章:《考试书院诸生策问》，载李彦章:《榕园文抄》卷五，清道光二十年（1840年）刻本，第31页。

③ 李彦章:《甄别两书院童生示》，载李彦章:《榕园全集·润经堂自治官书》卷一，清道光二十年（1840年）刻本，第36页。

之学几乎囊括当时所有学问门类，以期诸生通体用之学，由此来改变思恩文教的落后面貌。

王庆云（1798—1862 年），字家镬，又字贤关，初号乐一，又号雁美，福建闽县人。出游光绎门。道光九年（1829 年）进士，历任编修、顺天府尹、户部侍郎、两广总督、工部尚书。王庆云颇有吏治之才。

刘存仁（1805—1880 年），字炯甫，号蓬园，闽县人。出陈寿祺门下，曾入林则徐幕府，为林所信任。历官甘肃渭源、永昌、平罗等县知县，甘肃秦州、隶州知府，甘肃令。晚年被聘为福州道南书院掌教。在任上倡实学，颇有成就。晚年居里遇太平天国起义，在乡里倡议编练团练。所写倡议书被赞为"良法美意经世之论"："全册字字朱玉，经世之大业，不朽之盛事。关心乡梓似读陈左海师集，而深谙韬略，又似读龚澹静斋集可敬之至。"①

刘家谋（1815—1852 年），字仲为，号芑川，"侯官名孝廉。"②出陈寿祺门下，历任宁德、台湾等地教谕、训导。其为官颇得民心，"君约士严，卫士尤勇。上官有齮龁士者，君力与龃龉。上率不喜君。宁德令某为考语曰：刘某怜才爱士，敢作敢为"③。

张冕（生卒年不明）出陈寿祺门下，"其教授建宁，以经世

---

① 刘存仁：《编甲团乡议》，载刘存仁：《屺云楼文抄》卷四，清光绪四年（1878 年）福州刻本，第 5 页。

② 刘家谋：《海音诗·序》，载刘家谋：《观海集》，台北：台湾省文献委员会 1997 年版。

③ 谢章铤：《教谕刘君小传》，载谢章铤：《赌棋山庄全集·文集》卷二，台北：文海出版社 1974 年版，第 99 页。

之学课诸生，有胡安定苏湖遗风"①。

陈崇砥（生卒年不明）同出鳌峰陈寿祺门下，任地方官身体力行，并著《治蝗书》，黄彭年称此书"采古今人成说，证以历官所亲见之端，力行之政。凡蝗之卵生、化生、未出、始出，至于能飞、骤聚，莫不穷其形状。而治蝗之人与器、与所以用之法，亦莫不备焉，又虑民之囿于俗说而为之迫其惑，又虑官之玩其事而为之反复其议论。比之赤子……斯真为民父母之言"②。《治蝗书》流传很广，是相当有影响的经世实用之书。

闽省的经世思想不仅体现在官员的施政上，在陈寿祺的指导下，很多福建著名诗人张际亮、林昌彝等在诗赋创作时都注意描绘社会现实，反映社会问题，这成为嘉道闽诗的一个特点。

二、闽诗的复兴

嘉道间，闽诗出现复兴的景象。陈寿祺掌教鳌峰书院时，在他的悉心培养与提拔下，门下多有能诗之士，其中以张际亮、林昌彝、刘薇卿等最为著名。③

张际亮（1799—1843年），字亨甫，号华胥大夫，福建建

---

① 高澍然：《张君繁露六十寿序》，《抑快轩文抄》上卷，陈氏沧趣楼选本，民国三十七年（1948年），第61～62页。

② 陈崇砥：《治蝗书序》，《莲池四书》，清同治十三年（1874年）莲池书局刻本。

③ 刘薇卿被陈寿祺视为高第弟子："自余友教乡邮以来，及门若亨甫、梅友与薇卿皆以诗鸣。"见陈寿祺：《刘薇卿诗序》，载陈寿祺：《左海全集·文集》卷六，清刻本，第77页。谢章铤也记曰："（刘薇卿）孝廉弱冠贡成均，旋登贤书，为陈左海院长高足，诗名藉甚，著《琼台吟史篇》二十四卷。"见谢章铤：《刘寿之随庵遗稿序》，载谢章铤：《赌棋山庄全集·余集》文一，台北：文海出版社1974年版，第1437页。惜其集未见。

宁人，举人出身。肄业鳌峰书院时，陈寿祺相当器重他的诗才，曾语："吾得亨甫，吾不作诗！"张际亮模仿唐风，革除轻佻之习，作诗上万首，盛名一时。

林昌彝（1803—1876 年），字惠常，又字芗谿，侯官人，道光举人。其诗蜚声文坛。林昌彝受陈寿祺影响很深，曾自言其学自业师陈寿祺。

刘家谋在鳌峰从学陈寿祺时与张际亮、赖其瑛、郑天爵、许赓皞相切劘，"其诗骎杜陵、下挹白传，称情而出，于温柔敦厚之旨有会焉"①。任职台湾时，他留下不少描绘当地现实的诗作。本书将在下章述及。

曾元澄（1808—1873 年），字亦庐，"公诗古体多于近体，尤长于咏古之作。早岁尝游左海门……诗格亦于左海为近"②。

另有林寿图、翁时稚、陈崇砥、陈宝廉等，皆长于诗。嘉道间在鳌峰书院形成一股吟诗唱和的风气，学子在此结下友情，肄业后仍经常一起和诗作乐。一次林寿图入京，陈崇砥、陈宝廉、刘存仁、翁时稚、许赓皞等人都以《送林颖叔迎养入都》作诗送林寿图，林寿图则以《将赴都门留别原韵》和诗留别。刘家谋多年后曾回忆道："郑二（修楼）穷愁赖七贫（子莹），近闻多病卧边垠。九原哪更衰张（亨甫）许（秋史），一代谁讲重越闽。命薄空余同辈叹，调孤自与古人亲。相如往日凌云笔，醉侯重看尚有神。"③流露出对当年一起在鳌峰肄业的好友的思念之情

---

① 谢章铤：《教谕刘君小传》，载谢章铤：《赌棋山庄全集·文集》卷二，台北：文海出版社 1974 年版，第 99 页。
② 曾元澄：《养拙斋诗存·序》，清刻本，第 1 页。
③ 刘家谋：《廿年》，载刘家谋：《观海集》，台北：台湾省文献委员会1997 年版，第 6 ~ 7 页。

和对各自不幸遭际的感叹。谢章铤曾记嘉道间闽诗的振兴："国初，鳌峰光禄诸老犹守林高矩镬。子而立者，为张超然。然郑张独唱，不胜众和。闽派固始终如故也。自萨檀河、谢甸男、陈恭甫诸先生出，讲求坚光切响，口称盛唐，实近王李，虽余于声而绌于情，而士风为之一变，亨甫始与其兄怡亭并学王孟，既以为不能远过，怡亭放手为之改弦更张，才气横逸，为恭甫先生所深许。然以较从前之家家似玉，户户皆花，圆澈稳秀之家法，则大异矣。"① 又记："吾闽诗人嘉道为盛，张亨甫、刘芑川、郑修楼、许秋史诸君子飞扬诗坛，杯酒相过从，忽忽四十年，今俱已矣。"②

嘉道时期的闽诗多有反映社会现实、揭露社会黑暗、抨击朝廷的内容，如张际亮、林昌彝、刘家谋、曾元澄、翁时稚等人的诗集中，此类诗文甚多。③ 如翁时稚的《无盐叹》、刘家谋的《观海集》、张际亮的《浴日亭》、林昌彝的《市价行》等诗作对人民疾苦、社会黑暗的刻画入木三分。道光年间，鸦片走私的危害日亟，林昌彝等人的诗作也多有反映，如翁时稚的《禁烟曲》、林昌彝的《广州采风杂感》等。尤其在鸦片战争前后，张际亮、林昌彝等人的用诗表达了强烈的反抗侵略、不忘民族危机的爱国激情，如张际亮的《宁波哀》、翁时稚的《海外闻警》，

---

① 谢章铤：《又答颖叔书》，载谢章铤：《赌棋山庄全集·文集》卷四，台北：文海出版社1974年版，第212～213页。

② 谢章铤：《闽中揽胜诗序》，载谢章铤：《赌棋山庄全集·文集》卷七，台北：文海出版社1974年版，第397页。

③ 参见翁时稚的《禁烟曲》《海外闻警》《无盐叹》等（见《金粟如来诗龛集》，清刻本），刘家谋的《观海集》等（台北：台湾省文献委员会1997年版），张际亮的《浴日亭》《宁波哀》等［见《张亨甫全集》，清同治丁卯（1867年）福州刻本］，林昌彝的《广州采风杂感》《杞忧》《亭槛词章三章》等（《林昌彝诗文集》，上海：上海古籍出版社1989年版）。

林昌彝的《杞忧》《亭槛词章三章》等。林昌彝的《杞忧》第一
首云：

> 海涸山枯事可悲，忧来常抱杞人思。嗜痂到处营蝇蚋，
> 下酒何人啖鲙。但使苍天生有眼，终教白鬼死无皮。弯弓我
> 慕西门豹，射汝河氛就万蟊。①

林昌彝有诗话名《射鹰楼诗话》，"射鹰"即"射英"之
意。《诗话》是部记录鸦片战争前后诗歌创作情况，表现爱国热
情和民族精神的珍贵文献。②张际亮则站在抵抗派一面，用诗文
抨击投降派，揭露伊里布、奕经等腐朽将领，也歌颂坚持抵抗的
爱国将领，他专门写了长诗《陈忠愍公死事诗》表彰陈化成的英
勇抗敌。③

此外，由于陈寿祺重视培养诸生的经史功底，张际亮、林昌
彝等人的诗文也多长于用典，常有有关读经史感悟的作品，这是
嘉道间闽诗的一个特点。

三、汉宋兼采的学术风气

早在乾隆年间，在张甄陶、朱珪等人的提倡下，汉唐注疏
之学开始在福建兴起。到了嘉道年间，陈寿祺在鳌峰书院以经
术造士，悉心培养有经史考证之长的弟子。汉宋兼学的风气在

---

① 林昌彝：《杞忧》，载林昌彝：《林昌彝诗文集》卷六，上海：上海古
籍出版社1989年版，第125页。

② 参见林昌彝：《林昌彝诗文集·前言》，上海：上海古籍出版社1989
年版，第2页。

③ 参见王俊义：《张际亮的诗文与爱国思想》，载王俊义：《清代学术探
研录》，北京：中国社会科学出版社2002年版，第375～377页。

书院逐步兴起，进一步改变闽省程朱理学独尊的局面。"闽中自李光地、王士让、官献瑶为宋儒之学，兼崇汉儒。寿祺初受业于孟吏部超然，为宋儒之学，乃后出朱珪、阮元之门，既得所师承，又结交一时知名士，因是博闻强识，专为许郑之学，以疏证经传于闽中，实开其端。又善为沈博绝丽之辞，词馆中亦推重焉。"①《清儒学案》也言："闽中诸儒承李文贞、蔡文勤之后，多宗宋儒，服膺程朱。自左海始兼精研汉学，治经重家法，辨古今文。"②陈寿祺门下的孙经世、陈庆镛、林昌彝、张冕等人在经学研究上都有较高的成就，其他如刘家谋、刘存仁等虽宗理学，但所治学的途径也是兼汉宋之长。随着这批弟子的成长，嘉道以后，汉学、小学、金石学、音韵学、舆地学等在福建逐渐兴盛起来。

孙经世（1783—1832年），字济侯，号惕斋，福建惠安人。"潜究经传百家之说，于文字训诂义类之别考尤详。"③道光壬午（1822年），叶世倬抚闽后，征之入鳌峰书院，时山长陈寿祺见其书，惊呼："如此学识，当与江慎修、戴东原、段茂堂诸人伯仲矣。"荐于王引之，王引之为之跋曰："研究经文，综核传注，申先儒之遗义，辟晚近之臆说，非好学深思、实事求是者不能辨此。"④孙经世学宗程朱理学，但音韵、训诂造诣很高，

① 陈善：《福建通志·儒林传》，载陈乔枞编：《陈寿祺先生传状合刻》，清刻本。

② 徐世昌：《左海学案上》，《清儒学案》卷一百二十九，北京：中国书店1990年版，第404页。

③ 张际亮：《故优贡生孙君别录》，载张际亮：《交旧录传》，民国手抄本。

④ 陈金城：《孙惕斋先生行略》，载孙经世：《惕斋经说》，清刻本，第5页。

"盖先生治经不名一家，以宋儒义理之说体之于身，而超然心契其微，又深探训诂、声音、文字之原，而求之于经，能明大义。故先生尝谓不通经学无以为理学，不明训诂无以通经，不知声音、文字之原无以明训诂。"①孙经世著述丰富，有《说文会通》十六卷、《尔雅音疏》六卷、《释文辨证》十四卷、《韵学溯源》四卷、《惕斋经说》六卷、《读经校语》四卷、《孝经说》二卷、《夏小正集说》一卷、《诗韵订》二卷、《惕斋制义》四卷、《通经略》（未完成）。陈寿祺曾为其《读经校语》跋曰："发疑正读，多可为章句之助。如此读古书无不迎刃而解，是所谓好学深思、心知其义者，实足补高邮王侍郎所未及也。闻所续较原书倍之，然得此已见之一斑矣。"②孙经世治经深受陈寿祺影响，陈用光督学福建时，试泉州诸生，见孙经世之文，叹曰："此陈大士文也。"③

林昌彝以诗名于世，同时也精于经学研究，著作有《三礼通释》《诗玉尺》《读易寡过》《今文尚书二十九篇定本》《左传杜注刊伪》《礼记简明经注》《说文徐本互校辨伪》《温经日记》《小石渠阁经说》等。他自谓治学启自陈寿祺："余之知做人者，先母吴太安人所铸也；余之知读书者，陈恭甫师之所铸也。"④陈寿祺家藏书八万多卷，早年林昌彝浸注其中，并作了许多读书提

---

① 陈金城:《孙惕斋先生行略》，载孙经世:《惕斋经说》，清刻本，第5页。

② 陈寿祺:《续经校语跋》，载孙经世:《惕斋经说》，清刻本。

③ 张际亮:《故优贡生孙君别录》，载张际亮:《交旧录传》，民国手抄本。

④ 林昌彝:《海天琴思录》卷五，清同治己巳年（1869年）广州刻本，第24页。

要，为以后治学打下扎实的基础。

张冕精于算学、舆地，著有《春秋至朔通考》、《尚书脱简考》、《撼龙经释》五卷、《天学稗篇》四卷。其《撼龙经释》"盖即唐杨筠之书，疏明其山龙脉络形势，配以九星休咎，兼及疑龙经葬法倒杖诸说，堪舆家奉为枕中秘宝"①。张冕纂《春秋至朔通考》时，陈寿祺曾致信指导治经之法："解经之道，莫患于改经传而从我，而无所据依，则穿凿之弊将至于鲁莽，灭裂而不可止，此儒者之所慎也。"②

林寿图也出身鳌峰，后主掌致用书院时，"以经史之学课诸生"。③在鳌峰肄业时，林寿图先后从学陈寿祺、林春溥两师，"鳌峰书院多名师，予始及陈侍御之门，继从先生游。侍御精训诂、长于经，先生熟记载、长于史"④。

惠安陈金城（1802—1852年），号殿臣，字念庭，道光二年（1822年）举人。著有《易义通例》《五礼通考图》《尔雅小学通假》诸书。刘存仁、刘家谋等人也都"通经训、治古文词渊源宏厚"⑤。

陈寿祺在鳌峰任教时，闽省许多有志于学问的后进虽然没有机会入书院学习，但也常通过书信方式向陈寿祺问学。陈寿祺的

① 施鸿保:《撼龙经释》，载施鸿保:《闽杂记》卷八，清光绪戊寅（1878年）申报馆，第5页。
② 陈寿祺:《与张繁露论春秋至朔通考凡例书》，载陈寿祺:《左海全集·文集》卷四下，清刻本，第14～15页。
③ 谢章铤:《竹柏山房丛书序代林方伯》，载谢章铤:《赌棋山庄全集·文集》卷六，台北：文海出版社1974年版。
④ 谢章铤:《竹柏山房丛书序代林方伯》，载谢章铤:《赌棋山庄全集·文集》卷六，台北：文海出版社1974年版，第329页。
⑤ 谢章铤:《课余续录》卷一，载谢章铤:《赌棋山庄全集·文集》卷六，台北：文海出版社1974年版，第3010页。

悉心教导，对他们的成长起了不小的帮助。朴学家何治运常就考据问题求教陈寿祺，其文集中还录有与陈寿祺讨论经学问题的书信。瓯宁人蒋蘅记道光庚寅辛卯间曾将自己解经及考订传注之作，"因友人丁朴夫汝恭（陈寿祺门人）就正福州陈恭甫先生"。陈寿祺认真阅读了蒋蘅的文章，并在文中加了不少按语，这些文章及批改按语后来都被收入蒋蘅的文集。① 嘉道间福建古文名家高澍然也常请教陈寿祺，探讨经史研究和古文写作的问题。王庆云也曾就舆地问题请教过陈寿祺。②

陈寿祺在泉州清源书院时的弟子陈庆镛、王捷南等人，在经学考据、舆地研究方面各有突出的成就。我们在研究陈庆镛弟子何秋涛在边疆史地方面的成就时，不能忽略陈寿祺在闽省开启汉学研究门径对他的影响。没有陈寿祺率先引领福建学风的转变，就很难使福建在嘉道后改变在经史舆地研究方面的落后局面。

陈寿祺在鳌峰书院的变革，影响了闽省的其他书院。同治年间，王凯泰在省会创致用书院，专课经史考证之学。致用书院的首任山长林寿图出自鳌峰书院陈寿祺、林春溥门下，并且书院的学规有部分直接沿用陈寿祺在鳌峰书院制定的规章。③ 咸同年间福州越山书院的掌教金石考据家林懋勋也曾在道光间肄业鳌

① 蒋蘅：《云廖山人文抄·序》，清咸丰元年（1851 年）刻本，第 1 页。

② 王传灿：《王文勤公（庆云）年谱》，台北：文海出版社 1967 年版，第 25 页。

③ 王建梁认为闽省汉学之学肇于致用书院，并指出陈寿祺在鳌峰书院的努力，虽为致用书院做了铺垫，但终究没有成功。笔者认为，嘉道年间鳌峰书院已经开始提倡考据之学，并且造就了一批汉宋兼学的学者，从而开启闽省汉学的先声。致用书院则是闽省最早的专治汉学的书院。王建梁对陈寿祺努力的认识与评价并不符合史实。（参见王建梁：《清代书院与汉学的互动研究》，北京师范大学博士学位论文，2002 年，第 129 ~ 130 页。）

峰。^①同时代还有厦门同安语江、紫阳两书院掌教吕世宜，以小学名于世，其与陈寿祺门人陈庆镛、张冕等人过往甚密，常相互问学。孙经世、陈庆镛主讲过泉州清源书院。刘家谋历任宁德、台湾教谕教导，用心地方文教事业。张冕历任建宁、泉州教官，以经世之学课士。刘存仁任地方官时，仿照陈寿祺在鳌峰书院的做法，令"诸生童各立一课程簿，或山长发难，或自己读书有得，登记簿上，或经或史或词章、诗赋、时务策。月或三条、五条或数十条，呈请山长解释"。到月终再由山长汇呈至署亲为批示，"倘有一得之愚，可裨益诸生童之万一，随即批改解释发还"^②。在王凯泰抚闽时，曾延刘存仁为福州道南书院山长。鳌峰诸生在各地书院及地方上的身体力行，对闽省学风的进一步转变起了不小的作用。

嘉道间汉学在福建兴起后，闽省学者在文字训诂、礼学研究等方面成就较突出。比如孙经世在文字训诂方面，被陈寿祺推重为"实补高邮王侍郎所未及也"。礼学研究以林昌彝成就最大，其《三礼通释》洋洋二百八十卷，综合了清代诸家礼学著作，尤其注意吸收福建本省陈寿祺、林一桂、谢震、王士让、林乔荫等人经学成就，反映了清代福建研治礼学的成就。^③而陈寿祺与其子陈乔枞两代人共同完成的《三家诗遗说考》可谓竭其精神，旁搜博引，已无余剩。还有王捷南的地理及治《礼》《春秋》诸

① 参见黄兆郸：《记一个被遗忘了的福州名学府——越山书院》，《福建史志》1989 年第 3 期。

② 参见刘存仁：《立课程以励实学示》，载刘存仁：《屺云楼文抄》卷七，清光绪四年（1878 年）福州刻本，第 5 页。

③ 参见林昌彝：《三礼通释论略》，载林昌彝：《三礼通释》，清刻本，第 11～13 页。

经、张冕的舆地、算学，林春溥的史学，晋江杜彦士的小学，惠安陈金城的《汉》《易》，以及同安吕世宜的小学等研究都有一定的水平。

在闽省相继而起的经世致用思潮、经史考证学风以及古文诗赋的复兴，彼此互有促进。从根本上说，陈寿祺提倡崇经学就是为了经世致用。经世之学融入经史考证，避免了乾嘉汉学末流只崇考据、漠视现实的现象。经史考证的学风有利于经世之学落入实处，以经术辅吏治，经世之学与汉学相结合，这是嘉道汉学新学风的一个趋势。嘉道闽省的古文诗赋也融入了经史考证与经世致用学风，体现嘉道闽省新学风彼此有着相互联系、相互促进的统一性。诸学并举的开放学风改变了往日闽省学人墨守朱子学的被动局面，开阔视界、活跃思想。林则徐、何秋涛、沈葆桢等人都是晚清开风气之先的典范。

嘉道以后，广东、福建、贵州以及河北等原来汉学并不发达甚至无人问津的地区，在阮元等官员或学者的提倡下，汉学有了一定程度的发展。[①] 在这些地区中，书院在引领学风转变方面的作用不可忽视。谢国桢言：

> 自阮文达元，督学浙江时，创立诂经精舍，总督两粤时，创立学海堂。其学以考证经史为宗，兼及天算推步之学。于是士子闻风竞起，所向景从，学风为之一变。后钱仪吉讲学大梁，复游粤东，集徒授学崇尚汉宋。张之洞督学四川，创遵经书院，王先谦督学江苏，创南菁书院，黄彭年于直隶重整莲池书院，于吴中正谊书院内设学古堂：凡此诸事，其宗旨虽有不同，而与兴学施教，则同导源于阮氏，清

① 史革新:《略论晚清汉学的兴衰与变化》,《史学月刊》2003 年第 3 期。

代考据之风，所由养成，此一时也。①

在嘉道年间闽省学风转换中，出身鳌峰书院的官宦士人起着很突出的作用，从这点来说，鳌峰书院本身学术特征的转变，对全省的学风转变有着很重要的促进作用。乾嘉汉学作为一种专门化比较高的学问，没有较好的藏书条件、一定水准的学者指引，是很难培养出出色的汉学学者的。② 相对于江浙地区，福建在经济文化领域较为落后，这使得汉学要在福建得到发展有着很多不利条件。作为一省书院中心，鳌峰拥有丰富的藏书、师资、诸生以及规范的管理水平等。这些为培养汉学考据学的学者提供了有利的客观条件。陈寿祺等人任教时，书院增加了不少经史考据方面的书籍，书院的管理得到整治，在山长的循循善诱下，考据学在书院得到发展。③ 通过鳌峰书院肄业的诸生以及其他有志研治汉学的学者的努力，原来朱子学独尊的局面有所改变。④ 但是，或由于闽省浓郁的朱子学传统、落后的经济文化，以及道光后社

---

① 谢国桢:《近代书院学校制度变迁考》，台北：文海出版社1974年版，第2页。

② 参见 [美] 艾尔曼:《从理学到朴学——中华帝国晚期思想与社会变化面面观》第一章第一节"江南学术界的内外环境"，南京：江苏人民出版社1995年版，第6～10页。

③ 嘉道以后，鳌峰书院增加了不少经史考据方面的书籍，参见《鳌峰书院志·卷之十·继增书目》《鳌峰书院纪略·再继增藏书目录》《鳌峰书院藏书目录》。

④ 杨念群认为在嘉道朴学兴起时，发生了与官学对立的现象。但考察福建以及广东等地，会发现考据学恰恰是在官方的支持下，通过官方支持的书院向落后地区传播的。(参见杨念群:《儒学地域化的近代形态——三大知识群体互动的比较研究》，北京：生活·读书·新知三联书店1997年版，第410～427页；程美宝:《区域研究取向的探索——评杨念群著〈儒学地域化的近代形态〉》，《历史研究》2001年第1期。)

会危机的加剧，限制了汉学学风在福建的进一步传播。①

第二节　学风转变历史影响的思考

汉学风气的兴起逐步改变了闽省原来独尊朱子学的传统。但学术风气的转变并不是一蹴而就的。乾嘉之际，伴随汉学的兴起，汉宋门户之争也日趋紧张。在闽省，原有浓郁的朱子学传统对汉学在闽省的兴起有着很强的抵制作用，因而考据学在闽省的崛起经历了一个相对漫长艰难的过程，其中包含了几任学政与诸多学者的努力与身体力行。事实上有清一代，闽省独尊汉学的学者并不多见，即使是不遗余力地倡扬汉学的陈寿祺也是学兼汉宋。可以说，嘉道以后在汉宋兼蓄学风的形成过程中，也同样交织着复杂的学术门户之争。其中比较引人注目的是围绕道光《福

---

① 　咸同以后，闽省精于汉学考据的学者并不多见，即使是陈寿祺一脉，到第三代也弃学汉学，转崇程朱理学。梁章钜曾为陈寿祺之孙陈子端《小学注辑》题跋："闽县陈子端秀才，恭甫先生之从孙也。……夫子端之家学则汉也，其所治书则宋也。汉宋异旨，汉之小学谓字书，宋之小学则幼仪。今子端且以刘向、扬雄校勘训诂之法，用之程朱端始蒙养之篇，晨抄冥写，其非苟然，殆可知也。"（《小学著辑本跋》，载谢章铤:《赌棋山庄全集·余集》文一，台北：文海出版社 1974 年版，第 1483 ~ 1484 页。）张亨嘉曾言："吾乡自嘉道后，治朴学者绝少，独侯官少阮吴公能襢其先生，倡绝学于举世不为之日。"（张亨嘉:《说文引经异文集证序》，载张亨嘉:《张亨嘉文集》卷四，北京:北京大学出版社 2003 年版，第 157 页。）同治年间，谢章铤也曾叹道："方今世变，所趋士风渐敷，侥幸科举，废弃诗书，其或粗通训诂，则妄訾宋儒，略视时务，又迂视王道，人才之衰兆于学术。"（谢章铤:《课余偶录一》，载谢章铤:《赌棋山庄全集》，台北:文海出版社 1974 年版，第 2703 页。）

建通志》的体例问题所产生的论争。①

一、道光《福建通志》的编撰及其纠纷

有清一代，福建总共编了四部省志：其中康熙朝一部，由郑开极于康熙二十三年（1684 年）编撰；乾隆朝两部，分别由谢道乘在乾隆二年（1737 年）和沈廷璋在乾隆三十三年（1768 年）编撰；最后一部即本书所讨论的道光《福建通志》是道光年间由陈寿祺负责总纂的。该志的编纂始于道光九年（1829 年），历时六载，于道光十四年（1834 年）编就，共有四百余卷，篇幅上大大超越了前两部。之后，道光《福建通志》遭遇封存、删改和停滞，直到同治十年（1871 年）才由致用书院山长林鸿年主持付印，前后间隔了四十二年之久。其历时之长，影响之深，使得围绕道光《福建通志》的纠纷成为清代修志史上一桩罕见的公案。

道光《福建通志》的编撰由陈寿祺首倡，此时距上一部沈廷璋所撰的《福建通志》，已隔近六十年。陈寿祺认为旧志多舛误，应该重修。当时恰逢贡院修缮完毕，余钱万余缗，于是陈建议用此余款续修新志，得到了总督孙尔准的同意。② 开始拟请李兆洛担任总纂，李没有应允，就改聘陈寿祺。修志局设在魁辅里（今鼓楼区吉庇路）刘氏祠堂。当时参与修纂者共十八人，其中有高澍然、冯登府、张绅、王捷南、陈善、沈学渊、汪晨、陈池养、林晨英、翁吉士、刘建韶、林彦芬、丁汝恭、赖其恭、张际

---

① 相关研究成果请参见林家钟：《道光〈福建通志〉纠纷始末》，《福建史志》1988 年第 1 期；官桂铨：《林则徐〈题鳌峰载笔图〉考》，《福建论坛》（文史哲版）1984 年第 1 期。

② 林家钟：《道光〈福建通志〉纠纷始末》，《福建史志》1988 年第 1 期。

亮、罗联棠、饶廷襄、何治运等。陈寿祺亲自主笔儒林、文苑、天文分野、山川形势等传，其余交分纂负责。参与编纂的人员都是当地或者外聘的有学之士，不少人是曾跟随陈寿祺在清源、鳌峰书院学习的弟子。陈寿祺十分看重此次修撰，晚年为通志花费了大量心血。在志稿即将完成时，陈寿祺病逝，高澍然继任总纂。随后，分纂陈善等人将陈寿祺列入道光《福建通志》《儒林传》。

志稿完成后，当局议付印之时，梁章钜诸人突然联名提出异议，指责志稿存在"五大不善"：一儒林混入，二孝义滥收，三艺文无志，四道学无传，五山川太繁。[1] 并且，总督程祖洛、学政陈用光提出重审要求，得到应允。由是道光《福建通志》"毁志之祸"酿成。道光《福建通志》的修撰围绕体例问题引发了一场范围颇广的论争，险些使已经完稿的道光《福建通志》付诸东流。关于这场纠纷，以往人们多关注矛盾双方存在的私人恩怨，于双方所涉的体例之争，却少有深入系统的分析。事实上，若把道光《福建通志》的体例之争置于嘉道年间的福建学界，乃至全国学界的大背景下考察，我们便会发现，这场纠纷其实与当时闽省正在发生的学风变迁有着内在的联系。从这一角度分析，对于我们认识通志编撰与学风变迁之间的关系有一定的启发意义。这也正是本书以这场论争为考察对象的原因所在。[2]

围绕着通志问题，以梁章钜为首的反对派与以陈寿祺之子陈

---

① 高澍然：《与郑方伯、王观察论通志兼辞总纂书》，载高澍然：《抑快轩文集》上卷，陈氏沧趣楼选本，1948年，第89页。

② 相关研究成果请参见：林家钟：《道光〈福建通志〉纠纷始末》，《福建史志》1988年第1期；官桂铨：《林则徐〈题鳌峰载笔图〉考》，《福建论坛》（文史哲版）1984年第1期。

乔枞为首的维护派展开了一场旷日持久的斗争。陈乔枞及陈寿祺的门人周凯、张际亮等曾倡绘《鳌峰载笔图》，大做文章，反击梁章钜，后起的状元林鸿年又附和其中，引起福建文人分成两大派。在斗争中，他们互相攻讦揭短，焦点集中于梁章钜与陈寿祺之间的私人恩怨。加之梁章钜与总督程祖洛私交甚笃，而陈寿祺与学政陈用光也曾有过节。后人很自然地就把纠纷归因于私人恩怨，[①] 但是，实际上，双方所争论的实质问题，乃在通志体例得失的不同评价，这与当时闽省所发生的学风变迁有着内在的联系。表面上的恩恩怨怨背后，隐含着激烈的门户之争。

二、道光《福建通志》的编撰特点与纠纷的关系

嘉道年间的闽省正经历一场影响颇为深远的学风转变。其主要内容是经世致用思潮与汉宋并重的学术风气兴起。在新兴的学风影响下，道光《福建通志》的编撰思想及体例与前两部福建通志有很大的不同，从而也引起有不同学术主张间的学者的争论。这场争论在陈寿祺在世时就已开始。因此，若要探讨这场纠纷的来龙去脉，我们首先需要了解总纂陈寿祺的学术主张与道光《福建通志》的编撰特点。如前所述，陈寿祺学宗汉学，为清代福建学界罕有，是清代学坛有一定影响力的"通儒"。归里讲学后，陈寿祺有心振兴乡学，改变福建学术落后的局面。通过在省会书院的提倡研习考据之学、培养诸生学习经学的兴趣

---

① 林家钟：《道光〈福建通志〉纠纷始末》，《福建史志》1988 年第 1 期。当时人关于通志纠纷的言论集于《鳌峰书院载笔图》。参见谢章铤：《鳌峰载笔图跋》，载谢章铤：《赌棋山庄全集·文又续集》卷二，台北：文海出版社 1974 年版，第 679 页。

等一系列努力，陈寿祺在福建奠定了研治考据学的基础，并培养出一批汉宋并重的弟子。① 他所主持编纂的新志，在体例与内容上也充分显现了其主张汉宋并重、突出通经致用的思想，比如，把《道学传》归入《儒林传》，注重《山川志》等，而这些恰恰成为引发纠纷的直接原因。

1.《道学传》的废立问题

在通志反对者所提出的质疑中，"道学无传"的问题最大。《道学传》创自《宋史》，目的是将宋濂洛关闽诸学者从儒林中移出，别立《道学传》以示尊崇理学。这种做法一直延续到明代。但在康熙年间编《明史》时汉宋两派学者为是否设立《道学传》发生过激烈争论，最终主张取消的一方占了上风，因此清修的《明史》中没有延续《宋史》的做法。② 之后乾隆时《钦定续通志列传》也未再立道学传。

陈寿祺学宗汉学，但主张汉宋兼学。③ 拟定道光《福建通志》体例时，他坚持旧志《道学传》不符史例，应予取消，将之分入《儒林传》，他说：

> 儒林纪传经授受之源流，类而叙之，以明家法。……道学

---

① 参见史革新：《陈寿祺与清嘉道年间闽省学风的演变》，《福建论坛》2002 年第 6 期。另见陈忠纯：《清嘉道间鳌峰书院的学术特征及其影响》，北京师范大学硕士学位论文，2004 年。

② 黄云眉：《明史编纂考略》，载黄云眉：《史学杂稿订存》，济南：齐鲁书社 1980 年版。曹江红：《黄宗羲与〈明史·道学传〉的废置》，《中国社会科学院研究生院学报》2002 年第 1 期。

③ 史革新：《陈寿祺与清嘉道年间闽省学风的演变》，《福建论坛》2002 年第 6 期。

之名创自元人，古无是称，不可以为典要。且道外无儒，儒外无道，道之与儒将何分判？宋史道学之外复有儒林。东莱、西山摈诸程朱之外。入附出污，岂能郅当？……舍儒何以为道？舍学何以为儒？紫阳大贤，百世尊仰。然平心而论，正与游、夏伯仲，使紫阳而在，亦未敢自谓驾二贤而上之也。必欲因仍宋史之旧，道学、儒林歧而为二，乖违旧章，失所依据。欲崇道学，转蹈不经，恐徒供通人之窃笑耳。①

考虑到朱熹在闽学的地位，陈寿祺又建议仿效《蜀志·诸葛忠武侯传》的做法，在朱子传中另立篇章，明其理学传承关系，以彰显朱子在闽学中的地位："详叙篇目，别其体要，使学者有所考焉，则不必立道学之名，而大儒之宗旨定矣。"②

但是，福建学者一直以闽学传人自傲，取消道学传在他们看来等同于否认闽学，"无道学则濂洛关闽无闽"。因此取消《道学传》的做法遭到闽学者激烈的反对，甚至连门户之见不是那么严格的梁章钜也无法接受：

吾闽旧省志中仿立理学一传，陈恭甫诋斥不遗余力。近因续修省志，欲遂删之。都人士皆不谓然。余谓道学莫盛于宋，濂洛关闽之统，实朱子集其大成，海滨邹鲁之风自前代即无异议。故他史可不传道学，而《宋史》则应有；他省通

① 陈寿祺：《答陈石士阁学书》，载陈寿祺：《左海全集·文集》卷五，清道光年间陈氏刻本，第 76～77 页。

② 陈寿祺：《答陈石士阁学书》，载陈寿祺：《左海全集·文集》卷五，清道光年间陈氏刻本，第 77 页。

志可不传道学，而闽志不可无。①

在他看来，陈寿祺"墨守汉学，其排挤宋儒是其故智，而不知门户之见非可施诸官书"②。陈寿祺在学术观点上主张汉宋兼采，并未"墨守汉学"，但其改变朱子学独尊的做法仍无法逃脱门户之见的指责。

时任福建学政陈用光③也反对陈寿祺的做法。陈用光出身桐城派，其学术观点本就与陈寿祺不同。在来闽任学政之前，他就曾因门户之见与陈寿祺有过矛盾。两人早年在国史馆共事时，陈用光要求把其师朱仕琇与姚鼐列入《儒林传》。而陈寿祺的古文观受他的经学观影响，偏于汉学家法，以经史水平为重，对文辞不作过多要求，恰与桐城派相对注重文辞、轻经史的特点背道而驰。因此，陈寿祺对二者的评价都不甚高，拒绝了陈用光的要求。④

在道光《福建通志》体例上，陈用光认为只有另立《道学传》才能凸显朱子的地位⑤，坚决反对陈寿祺取消《道学传》的做法。这样，学政与地方学者联手，一起对新志体例提出质疑，给通志编撰人员很大压力，继任总纂的高澍然被迫辞职。高澍然辞职时言："道学名传，创于元史臣之撰《宋史》，由未谙

---

① 梁章钜:《退庵随笔》，台北：文海出版社1965年版，第846~847页。
② 梁章钜:《退庵随笔》，台北：文海出版社1965年版，第846~847页。
③ 陈用光（1768—1835年），字硕士，一字实思，清新城（今黎川）钟贤人。出身桐城派。
④ 陈寿祺:《与陈石士书》，载陈寿祺:《左海全集·文集》卷四下，第32页。关于陈寿祺与陈用光的古文之争，另参见陈忠纯:《清嘉道间鳌峰书院的学术特征及其影响》，北京师范大学硕士学位论文，2004年。
⑤ 陈寿祺:《答陈石士阁学书》，载陈寿祺:《左海全集·文集》卷五，清刻本，第76~77页。

史例，妄生枝节也。"① 陈寿祺的门生弟子也为其师抱不平。出其门下的林昌彝言："按《宋史》创立道学列传，别于儒林，其意欲以尊崇周、张、程、朱，不知道外无儒，儒外无道，欲示尊崇，转生歧异，徒贻学者口实。"② 另一门生刘存仁则言："'道学无传'，考河南、陕西、湖南通志皆不列道学，则闽志之无传，亦不自闽志而始也。"③

2.《儒林传》的人选问题

梁派反对的另一理由是"儒林混入"，其中主要是《儒林传》的人选问题。陈寿祺去世后，总纂高澍然与分纂陈善等人把陈寿祺列入《儒林传》。以经学研究称于世的陈寿祺，死后被列入鳌峰名师祠，并入国史儒林传。入本省通志《儒林传》，在陈派看来可谓实至名归。但梁章钜等人反对把陈寿祺列入《儒林传》。高澍然在辞总纂书中，认为梁章钜等人提出"儒林混入"一条，实质是要阻止陈寿祺列入《儒林传》，他说："顷闻省中诸公各举通志稿不善者五事，诉于列宪，请发稿公勘。诸公是举，因故太史陈恭甫先生入儒林传，托志稿发难，而释憾于先生也。"④ 说到底，对方反对陈寿祺入《儒林传》其实就是否定陈寿祺在经学考据研究方面的成就，也就是否定汉学家的成就。不仅如此，我们从梁章钜的言说中还能见到其他内容。梁章钜曾因

---

① 高澍然：《与郑方伯、王观察论通志兼辞总纂书》，载高澍然：《抑快轩文集》上卷，陈氏沧趣楼选本，1948年，第89页。

② 林昌彝：《射鹰楼诗话》卷三，清咸丰元年（1851年）刻本，第14页。

③ 刘存仁：《上督学李铁梅阁学书》，载刘存仁：《屺云楼文抄》卷三，光绪四年（1878年）福州刻本，第1~2页。

④ 高澍然：《与郑方伯、王观察论通志兼辞总纂书》，载高澍然：《抑快轩文集》上卷，陈氏沧趣楼选本，1948年，第89页。

陈寿祺未将其师郑光策列入《东越儒林传》颇有怨言:

> 近陈恭甫修撰《东越儒林文苑传》,近人如林钝村、官志斋、郑在谦、陈贤开辈,皆列名其间,而先生独不与……或曰编修为孝廉时,曾修后进谒见之礼,先生素仰其文名,而欲进之道,毅然以乡先达自居,勉之以修己之学,济物之功,而戒其勿以风流自赏,适中编修之忌,遂衔之不释。果而编修亦褊人尔,所论传又足据乎。[①]

由上引文可知,梁的理解也是陈乃出于私怨才把郑排除出他所负责的《儒林传》,加上郑乃梁之岳父,有这一层关系,使人更容易联想到当事人之间的个人恩怨问题,有学者由此认定梁章钜反对道光《福建通志》的缘由乃是陈寿祺未把郑光策列入《儒林传》。

陈派则认为梁氏之所以反对陈寿祺入儒林,乃是因为陈寿祺曾写诗微讽过梁氏的豪宅,二人由此结怨。陈寿祺的高足张际亮言:"……方伯昔与师无隙,因大起园亭,侈丽入霄汉,师贻书规劝,遂成嫌怨。"[②]后来致用书院院长谢章铤也持此意见。[③]

但笔者认为这场纠纷不单源于当事人之间盘根错节的私人恩怨,与双方在陈寿祺入选"儒林传"所持标准方面的分歧也有很

---

① 梁章钜:《郑苏年师》,《归田琐记》卷四,北京:中华书局1981年版,第75页。
② 张际亮诗,转引自林家钟:《道光〈福建通志〉纠纷始末》,《福建史志》1988年第1期。
③ 谢章铤:《鳌峰载笔图跋》,载谢章铤:《赌棋山庄全集·文又续集》卷二,台北:文海出版社1974年版,第679页。

大关系，这更值得考究。陈寿祺认为能否选入儒林传就看传主在经学研究上的造就如何。他曾为国史馆纂东越《儒林》《文苑》两传，并言："《史记》综括数千载，文起黄、农。而儒林一传亦专叙汉世经师，援兹比方，是或一道。"① 在编撰道光《福建通志》之时，陈寿祺仍坚持这一主张："盖汇传所以表经师，专传所以尊名臣，其有经术足以综诸家，节义足以范一代，推而扬之，使异于章句之师。"即入儒林传要有"传经授受之源流，类而叙之以明家法"的功绩。② 高澍然等人列陈寿祺入儒林也是以此为理由："……先生学在传经、遗书，何为乎不可儒林？"③ 这样，重事功而轻著述的郑光策未被收入儒林传似乎与陈寿祺的选人标准相关。而梁派坚持郑应入《儒林传》主要是看重郑在经世事功方面的造诣。郑光策原是福建省会书院鳌峰书院的名师，开启了嘉道间鳌峰书院乃至闽省经世之学的风气，培养了梁章钜、林则徐等闽省名臣，在省内声望颇高。郑光策与陈寿祺先后在闽省倡导经世之风，但又各自代表了不同的取向。郑光策学宗朱学，他虽不反对习考据之学，但不主张把时光耗在经学著述上，而应优先考虑现世上有所作为，立一番事功。至于经学著述，乃是在事功无望的情况下的无奈之举："盖成己成物为圣贤之正传。至万不得已，始独善其身，思有所传于后。"④ 陈寿祺则取通经致用

---

① 陈寿祺：《与方彦闻令君书》，载陈寿祺：《左海全集·文集》卷五，清道光年间陈氏刻本，第75页。

② 陈寿祺：《答陈石士阁学书》，载陈寿祺：《左海全集·文集》卷五，清道光年间陈氏刻本，第76页。

③ 高澍然：《与郑方伯、王观察论通志兼辞总纂书》，载高澍然：《抑快轩文集》上卷，陈氏沧趣楼选本，1948年，第89页。

④ 参见郑光策：《答谢生鹏南书》，载郑光策：《西霞文抄》卷上，清刻本，第67页。

的途径，把崇尚经学看成是扭转士风人心的捷径，他认为："善风俗在正人心，正人心在厉行义、尊经学。"①郑、陈的不同见解，造成梁、陈等在儒林传人选等问题上的不同立场。这也反映了在学风变迁过程中，用传统的《儒林传》标准来容纳新学风气下出现的不同人物，并非一件易事。民国年间，陈衍在《儒林传》外，另设《儒行传》，以区别对待陈、郑二人，使二者的成就都得到肯定。但毕竟一般人眼中，《儒林传》仍代表着更高的肯定。

陈寿祺在《儒林传》人选标准问题上的主张，还有一层考虑，即通过这一标准，就能把闽省在经学研究上有一定造诣的学者列入《儒林传》，以此为闽省的汉学先行者在福建学术史上争一个地位。诸如林一桂、万世美、谢震等其他人，在梁派看来，他们仅仅是在文辞方面有所造诣而已，都不符合入《儒林传》的标准，于是加以反对。②但在陈寿祺看来，林一桂等人凭借经学研究上的造诣完全可以入儒林。林一桂、万世美、谢震等人都是清代闽省经学研究的开拓者。例如，谢震"笃学耆古，熟三礼。治经断断持汉学，好排击宋儒凿空逃虚之说"③。陈寿祺早年曾经与之共创殖榭，倡通经复古之学。早在为国史馆纂《东越儒林后传》时，陈寿祺就把林一桂等人作为闽省礼学研究的后进附入《官献瑶传》后以彰显之。

---

① 陈寿祺:《上仪征公夫子书》，载陈寿祺:《左海全集·文集》卷五，清道光年间陈氏刻本，第 29 页。

② 参见林家钟:《道光〈福建通志〉纠纷始末》，《福建史志》1988 年第 1 期。

③ 陈寿祺:《谢震传》，载陈寿祺:《左海全集·文集》卷九，清道光年间陈氏刻本，第 1 页。

3. 山川地理志的繁简问题及其他

梁派所抱怨的"山川太繁"，其实是陈寿祺重视考核舆地研究的结果。他认为："地理则山川、关隘、海防、水利宁详毋略，虽岛澳而考稽必审。"[①]故而一反旧志山川仅载名胜的做法，改为形胜，"重其要害，详其扼险，考其支流，略其吟眺"[②]，使之更趋实用，也就造成梁派所谓的"山川太繁"。陈寿祺亲纂形胜志。而地理志乃前传所未有，负责分纂《地理沿革考》的王捷南出身陈寿祺门下，精于经史、金石之学。其书成后，陈寿祺带病披览，评价颇高："此书考订精确，非独足备桑梓掌故，尤治史学地理者之一助也。通志成否未可知，子此书宜先刊之。"[③]在通志结局未知时，王捷南先行刊印山川志传世，名之曰《闽中沿革表》。在陈派看来，批驳通志对于山川地理记载过繁琐似无道理。高澍然言："山川志区十郡二州山川而二之，名二十四本，每本多者三十余篇，合之不及十本，亦不为繁。又古方志一名图经，主舆地言也，主舆地故详山川，岂好繁哉？是皆好为讥弹无当于事实也。"[④]重视山川舆地是汉学家治地理的特点，也是乾嘉以后地方志编撰的一个普遍做法。因此，道光《福建通志》体例上的这一特点，同样与嘉道间考据学在闽省的兴起有着直接的联系。

从后来道光《福建通志》修订的结果来看，陈寿祺所重视

① 陈寿祺：《檄闽省郡邑采访通志事实（代）》，载陈寿祺：《左海全集·文集》卷三，清道光年间陈氏刻本，第64页。

② 林昌彝：《射鹰楼诗话》卷三，清咸丰元年（1851年）刻本，第15页。

③ 王捷南：《序》，载王捷南：《闽中沿革表》，清道光刻本，第1页。

④ 高澍然：《与郑方伯、王观察论通志兼辞总纂书》，载高澍然：《抑快轩文集》上卷，陈氏沧趣楼选本，1948年，第90页。

的方言考、经籍志、金石志、职官表等，都被大幅删改。而这些内容恰恰也都了反映道光《福建通志》的考据学特点。道光《福建通志》由凤池书院山长魏本善修订，其主要修改内容为：（1）儒林传中剔除出林一桂、万世美、谢震三人，郑光策、陈寿祺都入《儒林传》。（2）道学复立传。（3）艺文仍无志。（4）山川删繁就简。（5）孝义照旧。全书由原稿四百卷，缩为二百七十八卷，被删部分有高澍然的《福建历朝宦绩录》《闽水纲目》，王捷南的《闽中沿革考》，陈善的《福建（清）列传》，何治运的《方言考》，冯登府的《闽中金石志》，张绅的《福建（宋）列传》，刘存灵的《山川图记》一部分及凡例。又把经籍志由十六册缩为六册。① 这些做法无疑淡化了道光《福建通志》的汉学色彩，与陈寿祺的初衷相去甚远。

总之，道光《福建通志》的"毁志之祸"的发生，除了矛盾双方的私人恩怨，与双方的学术见解、汉宋门户立场也有很大的关系。林则徐曾言：

> 海内经师叹逝波，乡邦文献苦搜罗。匡刘未竟登朝业，何郑俱休入室戈。神返隐屏生岂偶，编传左海好非何。者番归访金鳌岫，倍感前型教泽多。②

---

① 郑贞文:《福建通志修纂沿革史》，载陈衍:《福建通志》，台北：大通书局1987年版，第6～7页。按：郑文言：以上各书"或不愿被删削，或密匿不出，多自行刊刻布于市。"另参见林家钟:《道光〈福建通志〉纠纷始末》，《福建史志》1988年第1期。

② 林则徐:《鳌峰载笔图题辞》，载来新夏:《林则徐年谱新编》，天津：南开大学出版社1997年版，第686页。

林则徐称陈寿祺为"经师"，称赞其搜罗乡邦文献的功绩，并引用东汉何休、郑玄今古文论争的典故来喻这场纠纷，由此我们也可以感受到其中存在的学术门户之争。其实，单从学术观点来看，学宗汉学的学者对道光《福建通志》的评价与传统闽省学者迥然不同。时隔多年后的同治年间，福建第一所专修朴学的致用书院院长谢章铤十分推崇道光《福建通志》，把道光《福建通志》功败垂成视为嘉道以后闽省学界一大憾事[①]，他认为此志大有利于朴学研究之用，"……其中最可惋惜者，如职官表，综核可参六典；经籍志，派别可寻家法；方言考，通转可悟小学；其他类此者甚多，今则不遗一字矣"[②]。对道光《福建通志》评价的提升，正反映出闽省学风所发生的变迁。

三、道光《福建通志》的命运与嘉道福建学风的转变

围绕着道光《福建通志》的体例纠纷，不仅是当事人间的恩怨问题，更反映嘉道闽省学术变迁中不同学术门派及其观点间的冲击。通过对道光《福建通志》体例特点的分析，我们可以发现，这些特点与嘉道闽省学风的转型密切相关。乾嘉汉学鼎盛时期，福建学者墨守朱子学，有意识地排斥汉学，这种风气使福建学界落后于全国水平。陈寿祺等人希望改变这一局面，并且力图扭转乾嘉以来闽省社会人心风俗日益凋敝的趋势。他在世时不遗

---

① 谢章铤：《评诗课卷答伯潜同年》，载谢章铤：《赌棋山庄全集·余集》卷一，台北：文海出版社1974年版，第1448页。

② 谢章铤：《鳌峰载笔图跋》，载谢章铤：《赌棋山庄全集·文又续集》卷二，台北：文海出版社1974年版，第679页。

余力地为振兴闽省的学术努力,其中最重要的有两件事:其一,为仿效阮元设诂经精舍以及学海堂的做法,在主持闽省的文教重心——省会鳌峰书院十二年间,通过改革书院的招生方法以及各项规章,培养了一批汉宋兼学的弟子,正式开启了福建的汉学风气。① 其二,主持重修福建通志。陈寿祺在鳌峰书院汇聚并培养了不少在经学、小学、舆地等方面的人才,为总纂道光《福建通志》提供了方便。他在鳌峰的不少门生弟子,如王捷南、丁汝恭、赖其恭、张际亮等人都参与道光《福建通志》编撰。其他如何治运、高澍然、冯登府等人也或多或少地受到陈寿祺思想之影响。他们是嘉道学风变迁的受益者,不但为陈寿祺完成一部在当时学者看来体例与内容颇为完备、有裨实用的通志提供了智力支持,也是继续发扬新学风的身体力行者。如前谢章铤言,道光《福建通志》在《职官表》《经籍志》《方言考》等内容上于朴学研究大有裨益。然而,这些体例上的突破若要在闽省学风转变之前出现是不可想象的。实际上,嘉道闽省学风的转型也正体现在这些方面上,并为后来闽省学者在相关领域有所造诣奠定了基础。最好的例证就是同光以后何秋涛的边疆史地研究,而其师陈庆镛正是陈寿祺的门生。

在《道学传》的废立和《儒林传》的人选问题上,陈寿祺力主取消《道学传》,并有意利用编撰新志的机会,表彰汉学先辈,专门为林一桂、万世美、谢震等人列传,以此为闽省汉学开拓者在清代福建学术史上赢得一定地位,进而改变朱子学在闽省"学术史"上独尊的局面。在郑光策应否列入《儒林传》问题上,则反

---

① 陈忠纯:《鳌峰书院与近代前夜的闽省学风——嘉道间福建鳌峰书院学风转变及其影响初探》,《湖南大学学报》(社会科学版)2006 年第 1 期。

映了嘉道闽省两种不同经世思想取向的矛盾。郑光策重视事功，而陈寿祺重视著述。由此，两种观点在《儒林传》人选问题上发生矛盾。这反映了学风转型过程中，相应的评价标准随之发生变化，旧有的《儒林传》似乎已难以同时涵盖两种取向的学者。陈寿祺摒弃郑光策的做法引起梁章钜等人的不满，当时的闽省督抚也出面干涉，最终致使道光通志未能顺利刊行，还几乎散失。

但是，随着经世之学与汉宋并重的新学风流行，陈寿祺振兴福建学术的努力与功绩逐渐为闽人所认同，他对闽省汉学研究先辈的追溯，也大体为本省学者接受。同治年间，道光《福建通志》在左宗棠的支持下，终于在致用书院得以刊行。但此通志几经删改，已与原稿相去甚远。民国年间陈衍修民国《福建通志》，在体例与编写方法上遵循陈寿祺的做法，艺文虽立志，内容不收诗文，全录书目，道学仍无传，儒林区分为儒林、儒行两门，郑光策仍被剔除出儒林传，改入儒行，林一桂、万世美、谢震三人又恢复入儒林，把梁章钜等人当时所持的"不善"五点，统统翻了案。① 区分儒林为儒林、儒行二种，解决了旧有《儒林传》难以同时容纳嘉道后经世事功与经学研究二类乡贤的问题，但对于改入《儒行传》的郑光策来说，地位似仍稍委屈了一点。

有清一代的学界，汉宋门户之争此起彼伏，此消彼长，其中纠葛着复杂的人脉关系。关于道光《福建通志》纠纷事件，除了以往学界关注的《道学传》废立问题，有关《儒林传》的人选问题、山川、方言、职官各志等问题也多多少少反映了嘉道闽省学风由独尊朱学到汉宋并重过程中所发生的学术与人脉之争，折射出了嘉道间闽省学风转变之时，闽省学术转型的先行者与传统朱

① 林家钟：《道光〈福建通志〉纠纷始末》，《福建史志》1988年第1期。

子学势力的矛盾。因此，通志体例之争乃是我们了解当时人的学术观点、思想观念的一个窗口，有助于我们进一步认识嘉道以后闽省乃至全国的学风转型。

第五章　鳌峰书院与嘉道前后的台湾社会

　　传统中国将人心士风的道德教化视为治国之本，清初统治者尤为重视。康熙帝嗜好朱子学，不遗余力地提倡程朱理学。福建作为朱子学发源地，原本理学传统浓郁，在清初更是得到发扬。台湾作为福建新辟属地，文化教化自然成为治台政策的核心内容。"从来辟土开疆，首重建学"。[①]首任诸罗县知县季麒光认为："台湾之难，不难于治'土番'，而难于治奸民，更难于安良民以化奸民也。"[②]为化民成俗，季麒光莅任伊始，一面四处搜罗业儒之人，予以礼遇，以振士风，一面要求创建学校，建议参照辽东宣府之例，在乡试时为台湾士子另编字号，以鼓励台民向学，振兴教育。台湾纳入版图后不久，一府三县的府县官学均被创建，有力地推动当地文教的兴起。康熙年间台湾县知县陈瑸也致力于改建文庙、兴办社学、奖掖实学、举办乡饮酒礼，[③]升任台厦道后又在台湾府设置学田，以兴教化。[④]其他几任管辖台湾的督府、道台、知县，也都特别注重在台湾发展教化事业。除了

---

　　① 孙襄:《诸罗学文庙记》，载周元文:《重修台湾府志》，台湾文献丛刊第 1 辑第 66 种，台北:台湾大通书局 1987 年版，第 369 页。

　　② 季麒光:《条陈台湾事宜文》，《蓉洲诗文稿选辑·东宁政事集》，李祖基点校，香港:香港人民出版社 2006 年版，第 177 页。

　　③ 陈瑸:《条陈台湾县事宜》，载陈瑸:《陈清端公文选》，台湾文献丛刊 116 种，台北:台湾银行经济研究室 1961 年版，第 1 页。

　　④ 陈瑸:《台厦条陈利弊四事》，载陈瑸:《陈清端公文选》，台湾文献丛刊第 116 种，台北:台湾银行经济研究室 1961 年版，第 13 页。

府县官学、义学、社学，台湾还创办了不少官方书院，海东书院的创建，就反映清廷上层重视文教的统治思路及对台湾的重视。此外，清廷仿照甘肃、宁夏之例，在乡试中另编字号，为台湾别设名额。官方对于台湾儒家教化和科举事业的重视与扶持，鼓励了台民向学之心，也吸引了内地学子赴台考举，这客观上有助于初期学风的养成。随着台湾经济的繁荣，科举事业逐渐兴盛，士绅阶层不断成长。

有清一代是台湾开发史上的关键时期。由于清政府正式将台湾纳入版图，开放海禁，破除了大陆民众前往这一富庶岛屿的政治障碍，并且，为了恢复台地的经济社会发展，清政府在初期采取了积极的治台措施，休养生息，招民拓垦，吸引了大量民人赴台移垦，使得台湾得到迅速的恢复和发展，为台湾的进一步发展奠定了坚实基础。到了清代中叶，虽然清政府出于对闽粤移民的防备心理，严限民人渡台开发，但此时赴台谋生已成闽粤民众生存的选择之一，清廷的禁令反而逼迫更多的民人选择私渡的方式渡台。林爽文事件后，经过福康安的实地调查，清廷意识到禁渡政策已成空文，只得重新放松渡台限令。清代大量汉族移民到台湾拓垦开发，经过他们的努力，到了晚清，台湾的农业和商业得到长足的发展。这一过程中，台湾渐由移民社会转型为定居社会，中华文化也在台湾扎根生长。相较于对土地开发的消极态度，人心教化一直是清廷治台的重点，这利于儒家文化在台湾得到加强和推广。同时，台湾逐渐形成了独有的文化特色，这是对中华文化的丰富与发展。

第一节　鳌峰书院与清代台湾的书院及文教事业

在台湾文教社会兴起的过程中，作为清代福建的最高学府，鳌峰书院对台湾文教乃至其他社会事业的影响也是不可小觑的。许维勤曾指出鳌峰书院在书院建设、人才培养以及学术学风的取向和塑造等方面，对台湾产生了广泛深远的影响。[①] 清代台湾在建省前，大致有 30 所书院。这些书院，绝大部分都是在鳌峰书院之后设立的。它们的办学模式，基本仿照福建的各大书院。鳌峰书院制度的影响尤为突出，比如，台湾最大的海东书院就参照了鳌峰书院的部分学规。该书院的规约中"端学则"一条，称："程、董二先生云：'凡学于此者，必严朔望之仪、谨晨昏之令，居处必恭、步立必正、视听必端、言语必谨、容貌必庄、衣冠必整，饮食必节、出入必省，读书必专一、写字必楷敬，几案必整齐、堂室必洁净，相呼必以齿、接见必有定，修业有余功、游艺有适性，使人庄以恕，而必专所听。'"时任台湾道刘良璧明言："此白鹿书院教条与鳌峰书院学规并刊，功夫最为切近。"[②] 张正藩在《中国书院制度考略》一书中，就台湾书院制度论述道："台湾书院所订规制，大体与闽省同。盖台湾居民泰半为闽籍，其所建书院亦多取则于八闽，尤以受福州鳌峰书院之影响特大。"[③]

台湾书院从鳌峰书院"取则"，是一种全面的效法，包括学

---

① 许维勤：《论鳌峰书院及其对闽台教育文化的影响——兼及闽台学缘》，《福建论坛》（文史哲版）2000 年第 6 期。

② 《台湾道刘良璧海东书院学规》，载余文仪：《续修台湾府志》卷八。

③ 张正藩：《中国书院制度考略》，台北：台湾中华书局 1981 年版，第 125 页。

术学派的推崇。鳌峰书院以朱子理学为圭臬，台湾书院同样如此，教学内容以朱学为主，书院中无不崇祀朱熹神位。明清时代，中国大陆经历过许多学派的兴衰，如王阳明心学、乾嘉考据学等，都产生过深远影响，但在台湾这"一张白纸"上，最先留下浓厚一笔的，却只有朱子理学，而鳌峰书院在弘扬理学方面的经世致用取向，同样也影响到台湾学界的学风。海东书院在学规中要求学生"明大义，端学则，务实学，正文体，慎交游"。道光年间道员徐宗幹整顿台湾学规，他经常亲自到各书院，要求学生剖析难题，"训之以保身立志之方，勉之以读书作文之法"，提高解决实际问题的能力。这种学风，显然与鳌峰书院有着一脉相承的关系。这是闽台"最深刻的学缘"。①

就人才培养而言，鳌峰书院招收了不少台湾学子。鳌峰书院面向福建全省招生，"合十郡二州人士皆得负笈肄业其中"。②由于台湾间隔海峡，往来福州路途遥远，鳌峰书院专门规定台湾学生的假期可延长至 5 个月，比省内其他各地生员的假期时间都长。③由此，既可见书院对台湾学生的重视与照顾，也可说明来自台湾的学生不在少数。笔者从游光绎总纂的《鳌峰书院志》中，查阅到出身台湾的学子洪禧于甲寅科中举的记录。④此外，

① 许维勤：《论鳌峰书院及其对闽台教育文化的影响——兼及闽台学缘》，《福建论坛》（文史哲版）2000 年第 6 期。

② 阿林保：《序》，游光绎：《鳌峰书院志》，"序文"，载赵所生、薛正兴主编：《中国历代书院志》第 10 册，南京：江苏教育出版社 1995 年版，第 271 页。

③ 来锡蕃：《鳌峰书院纪略》，"章程"，载赵所生、薛正兴主编：《中国历代书院志》第 10 册，南京：江苏教育出版社 1995 年版，第 507 页。

④ 游光绎：《鳌峰书院志》卷六，科目，载赵所生、薛正兴主编：《中国历代书院志》第 10 册，南京：江苏教育出版社 1995 年版，第 324 页。

道光年间，还有一位台湾人黄本渊曾担任该院监院。①

　　当然，鳌峰书院对台湾人才培养的影响，更多地体现在对当地教育事业的推动与支持。特别是向台湾直接输出人才。当时台湾文教事业刚起步，需大陆的帮衬，当地的学官和教师几乎全来自福建内地。有关资料显示，从1684年到1885年建立台湾省前，台湾府总共任命教授50人，清一色是福建人，1727年到1845年，历任训导35人，也全是福建人。②这些都是有官方身份的人，至于普通以教职为生或入台讲学的福建文人，更难以统计。这些人中，来自福建最高学府鳌峰书院的当不在少。同治元年，林天龄被聘为海东书院山长。其友致用书院山长谢章铤寄语曰："锡三（即林天龄）来自鳌峰，其必有所以无愧于乡先生者行矣。"谢氏回顾了鳌峰书院育才之盛，林天龄赴台正代表了该书院的贡献。③从游光绎总纂的《鳌峰书院志》中，可以统计出从清初至嘉庆十二年（1807年）间，出身鳌峰书院的台湾地方教育官员大致有陈士诚、叶梦苓、王青箱、吴玉麟、陈清言、陈学登、林占梅、郑兼才、黄对扬等9名。④这些鳌峰书院的学子不仅学业甚优，在书院学习期间，应有与台生接触交流，了解台湾的情况。此外，鳌峰书院在三贤五先生祠中，附祀了台湾名宦

---

　　① 来锡蕃:《鳌峰书院纪略》，题名二，载赵所生、薛正兴主编:《中国历代书院志》第10册，南京：江苏教育出版社1995年版，第467页。

　　② 参见许维勤:《论鳌峰书院及其对闽台教育文化的影响——兼及闽台学缘》，《福建论坛》（文史哲版）2000年第6期。

　　③ 谢章铤:《送林锡三之海东书院序》，载谢章铤:《赌棋山庄全集·文集》卷二，台北：文海出版社1974年版，第105页。

　　④ 游光绎:《鳌峰书院志》卷六，科目，载赵所生、薛正兴主编:《中国历代书院志》第10册，南京:江苏教育出版社1995年版，第316~325页。

台湾道陈璸，宣扬其治台的功绩。①从鳌峰书院的藏书中还包括部分涉台书籍，如清初台湾首任诸罗县知府季麒光所撰《蓉州诗文稿》《东宁政事集》等。季麒光在其著述中，叙述了不少治台经验与思考。《鳌峰书院志》记载了该院名师蔡世远和陈璸谈论治学为官之道与治理台湾的关系："世远近复台湾陈观察眉川书云：士子登籍入官，特患不能自克其私，又患不能本所学以措之事业。台湾僻处海外，得大贤居监司之任，正己率物，使属员洁己以承，罔有奸贪之弊，百姓实被吾泽，罔有不率之隐。明聪四达，综理必周。耿耿鄙衷，实有厚望，此言非敢有以规眉川，然非眉川，世远固不以陈斯言也。"②从这些细节中，我们可以推论学子们在书院攻读期间，对台湾社会及政事应有一定的接触与了解。这些经历对于他们到台湾任事是有帮助的。

第二节　鳌峰书院师生与嘉道前后的台湾社会

清代闽籍官员及士绅为清政府治台政策的制定与调整，以及推动台湾的开发做出了极为重要贡献。他们有不少是出自鳌峰书院的高才生，如编纂首部《诸罗县志》的陈梦林，与鳌峰书院渊源颇深，被张伯行延请入书院"纂修先儒诸书"。③《诸罗县志》并非一般的志书，该书是台湾第一部官修县志，陈梦林在

---

① 游光绎：《鳌峰书院志》卷二，祠祀，载赵所生、薛正兴主编：《中国历代书院志》第 10 册，南京：江苏教育出版社 1995 年版，第 295 页。

② 游光绎：《鳌峰书院志》卷十一，绪论，载赵所生、薛正兴主编：《中国历代书院志》第 10 册，南京：江苏教育出版社 1995 年版，第 373 页。

③ [清]周锺瑄主修、陈梦林等编撰：《诸罗县志》，台北：大通书局 1984 年版，自序第 4 页。

志中发表了对治台的看法与主张，其识见颇为高远。《诸罗县志》成稿于康熙五十六年（1717 年），时距清纳台湾入版图已有 30 余年，初期所创设台湾的规制，弊端已现。陈梦林敏锐地认识到一府三县的设置，不能适应开发日渐成熟的台湾社会，"国家削平台湾，置一郡三县，勤水陆之士万人更番屯戍。诸罗特置北路一营于陆路，另分安平协水师以防沿海，制云密矣。顾有所当议者，北路之机轴与台、凤异，今日之情形与初辟异，而所以帖然无事者，由圣天子威灵远播、各当道抚驭多方。而其间利害之隐伏于无形者，实关全台之休戚，而人不及察；不可不长虑却顾，及今而亟为之前筹也。"[①]他建议半线以北增设县制，以加强对地方的管辖，"窃计诸罗之地倍于台、凤，山泽险阻多于台、凤。……独北路以千里之边境，日辟日广，联为一县，弹压以参将一营九百四十之官兵，合则阨塞多而不足以设备，分则形势绌而不足以建威。今升平无事，其稍远者已难为驾驭矣。设不幸有水旱之灾、有一方之警，而又有不逞如吴球、刘却、卓个、卓雾、冰冷、亚生之狂狡乘间相诖误者，将何以制之？……淡水以南至半线三百余里，水泉沃衍，多旷野平林，后垄诸港实与鹿仔、三林、海丰、笨港各水汛相为表里，宜割半线以上别为一县，听民开垦自如。而半线即今安营之地，周原肥美，居中扼要，宜改置为县治"。同时配套文教及保甲措施，稳定治安，"张官吏、立学校，以声明文物之盛，徐化鄙陋顽梗之习；严保甲之法，以驱鸡鸣狗盗之徒。即又于半线别置游击一营与北路营汛联络，镇以额兵一千，分守备五百人；设巡检一员于淡水，分千把总于后垄、竹堑。使首尾相顾、臂指相属。而又酌拨镇防水

① ［清］周锺瑄主修、陈梦林等编撰：《诸罗县志》，台北：大通书局1984 年版，第 109~110 页。

师于鸡笼（详见'水师防汛'），则自大肚、大甲以至淡水，皆
为官兵之所屯聚、往来之所周历，有司耳目之所稽察、政教之所
浸灌；即淡水至山后三百余里，望风悚息，永无意外之虞矣"。
而陈梦林的视野并不止于增设县治以应付当前隐患，在他看来，
清廷纳台湾入版图，不为拓疆增赋，在于巩固海防，"凡以台属
一隅宿兵，岁縻帑饷十余万，朝廷岂有求增赋而尽地利之心；大
指在抚绥安辑，固海疆之外围，为闽、粤、江、浙四省之屏蔽；
台湾安而四省安，四省安而天下安矣"。^①他认为，清廷的设治意
图，与招徕民人赴台开发是相符的，故而不应斤斤计较于税赋多
寡，应让民人有利可谋，以吸引民人渡台，"所恃上下司柄体庙
堂加惠小民德意，施法外之仁；使海滨赤子，乐安太平而已。必
铢两而计之、尺寸而较之，无论圣谟宏远，不屑岛屿之刀锥；而
此邦士民甫集中泽，非有蝇头之恋，亦孰肯舍祖宗之丘墓、族党
之团圆，隔重洋而渡险，窜处于天尽海飞之地哉！且夫底定立法
之始，不征折色而就征本色者，原有深意，不可不察也"。^②他还
借用闽粤地区的历史经验，指出置县设兵，建立文教，便于引导
民人开发台湾土地，最终使其成为"无忧水土"，"前此越境有
禁，人犹冒险以踰大甲；若既置县，则招徕益众，户口益滋、田
野益辟，汉人垦'番地'为田者计值代'番'输饷，于赋既增、
于'番'亦甚便也。土之所入、赋之所出，于官役俸工倍蓰，且
可斥其余以资兵饷也。前此地远势隔，官民不得相亲。若既增设
一县，则两邑之官各守其土、各训其民，循行村社，与民日近；
拔其秀良，宣讲圣谕，告之以孝弟忠信，君子悦其教、小人安其

---

① ［清］周锺瑄主修、陈梦林等编撰：《诸罗县志》，台北：大通书局
1984年版，第88页。

② ［清］周锺瑄主修、陈梦林等编撰：《诸罗县志》，台北：大通书局
1984年版，第88页。

俗，礼义廉耻之心日长，干纪作乱之事日息。然则增兵置县，非唯张皇威武，抑以昭宣文德；所谓法施已然之后，而礼禁未然之前者也。汉刘安之谏伐闽越曰：'蝮蛇蠱生，疾疠多作；中国之人，不能其水土。'唐韩愈之谪潮州也，其谢表曰：'毒雾瘴气，日夕发作。'而自宋、元以至于今，闽中、东粤并称乐土。异时内地官兵换班渡台，妻子仓皇涕泣相别，如行万里；三十年来，履险如夷，即淡水一汛于今五年，视向者初戍之日亦大有间矣。何者？山川之气郁蒸而为瘴疠，得人焉为之经理，则气有所泄而闭者渐开，天地之常也。屯戍众多、村落稠密，道通木拔，虫蛇恶物渐次驱除，阴邪既消，灾疹自息；而又洁其居食，济以医药，可无忧水土矣。"①

再如被誉为"筹台之宗匠"的蓝鼎元，也提出了不少治理和开发台湾的真知灼见。蓝鼎元在随同其族兄南镇总兵蓝廷珍平定朱一贵事件过程中，不仅就军事行动出谋划策，还提出不少深具影响的善后措施。他批评清廷施行的禁止大陆移民渡台的政策，建议改弦易辙，支持民人开发台湾。雍正五年（1727年），蓝鼎元就曾上奏雍正帝，建议允许民人携眷赴台耕种，而在台民人回籍搬眷："必得谕旨，饬着文武地方官，凡民人欲赴台耕种者，务必带有眷口，方许给照载渡，编甲安插，其先在台湾垦田编甲之民，有妻子在内地者，俱听搬取渡台完聚，地方汛口，不得需索留难。"②蓝鼎元也指出开发台湾对于解闽省之乏困及台湾民"番"冲突均有特别意义："南北二路，地多闲旷，应饬有司劝民尽力开垦，勿听其荒芜，可以瀛余米谷资闽省内地之用。且可以

<hr>

① ［清］周锺瑄主修、陈梦林等编撰：《诸罗县志》，台北：大通书局1984年版，第111~113页。

② ［清］蓝鼎元：《鹿洲奏疏·经理台湾第二》，载蓝鼎元：《鹿洲全集》（下），蒋炳钊、王钿点校，厦门：厦门大学出版社1995年版，第805页。

恢廓疆境，使'生番'不敢恣意出没射杀行人。"①陈梦林、蓝鼎元等人的意见反映了许多闽台地方官员的意见，也得到他们的认同。

陈梦林、蓝鼎元等先贤在治台方面的主张及功绩，对鳌峰书院师生有着颇为深远的影响。嘉道前后书院倡导的经世学风，促使师生们更加关注闽台的社会民生问题。陈寿祺等人即为身体力行者。刘家谋曾记载，陈寿祺在执掌鳌峰书院时，时值福州米贵，请巡抚弛海禁，调运台米入榕，解了福州之困。刘家谋在《奉陈星舟（震耀）丈》言："君昔监鳌峰书院，贡院之修，实董其事。福州米贵，言诸掌教陈恭甫先生，请大府弛海禁。从之，于是台米内运者数万石。"②

一、郑光策与平定林爽文事件

此时期鳌峰书院与台湾的关系，首先应提及郑光策。他对台湾的认知，集中于他对林爽文事件的应对策略上。③乾隆晚期直至嘉道前后，随着台湾经济社会的发展，尤其是移民社会逐渐向定居社会转型，清廷的治台政策愈发无法适应台湾的实际情况。各种社会矛盾丛生及政府管控的缺失，终于导致台湾于乾隆五十一年（1786 年）爆发了规模最大的一次社会动乱，即林爽文事件。清廷在事变前期镇压不力，乾隆帝不得已调派亲信

① [清]蓝鼎元：《鹿洲奏疏·经理台湾第二》，载蓝鼎元：《鹿洲全集》（下），蒋炳钊、王钿点校，厦门：厦门大学出版社 1995 年版，第 806 页。

② 刘家谋：《奉陈星舟（震耀）丈》，载刘家谋：《观海集》卷四，新北：龙文出版社股份有限公司 2012 年版，第 796~797 页。

③ 郑光策与林爽文事件的关系，可参见黄保万：《论郑光策与林则徐》，《福建学刊》1992 年第 3 期；刘新慧：《试论林爽文起义后清廷的善后措施》，《中国社会科学院研究生院学报》2001 年第 5 期等。

陕甘总督福康安前往台湾平叛。乾隆五十二年（1787年），福康安奉命前往台湾，途经泉州，听闻郑光策之名，特地招之入行馆，"礼重之"。[①] 郑光策便向福康安进献十二条意见，即"经理台事八条经理内地四条"。"经理台事"主要是平定林爽文事件，包括"宣圣恩以散乱党""出奇兵以覆贼巢""招义勇以厚兵威""通广庄以分敌势""专逆魁以速葳事""多间谍以制胜机""裕粮饷以赈降众""明约束以收民心"等；"经理内地"则避免台米无法内运，造成内地米荒，包括"急平粜""招米商""清海盗""放小船"等。[②] 次年（1788年）正月，林爽文起义被镇压后，福建巡抚徐嗣曾前往处理善后事宜，召郑光策同行。郑光策因体弱及家人反对作罢，[③] 不过他又向徐条陈"台湾善后事宜"八项建议，包括"定章程""散义勇""兴屯田""缓城工""严盗课""设官庄""举吏职"等。[④] 其中有两条特别值得注意。他分析林爽文起义的根源在于当地官吏、豪绅"朘削日深"，因而，他主张"改弦更张"，对台湾统治进行改革，建议"设官庄"和"举吏职"。[⑤]

郑光策等人的建言，对于清政府调整治台措施深具影响。乾隆五十三年（1788年），福康安完成镇压林爽文起义的使命，应乾隆帝的要求，详细考察台湾岛内实情，拟定善后措施。他不

① 《闽县乡土志·儒林郑光策传》，转引自黄保万：《论郑光策与林则徐》，《福建学刊》1992年第3期。

② 郑光策：《上福节相论台事书》，载郑光策：《西霞文抄》卷下，清刻本。

③ 郑光策：《与徐印之书》，载郑光策：《西霞文抄》卷下，清刻本。

④ 郑光策：《上中丞徐两松师台湾善后事宜书》，载郑光策：《西霞文抄》卷下，清刻本。

⑤ 郑光策：《与徐印之书》，载郑光策：《西霞文抄》卷下，清刻本。

仅认为应该允许在台民人携带眷属返台，还建议开放其他民人只身赴台："至禁止携眷之例，自雍正十年至乾隆二十五年（1760年），屡开屡禁，经前任总督杨廷璋酌请定限一年，永行停止。而挈眷来台湾者，至今未绝。总因内地生齿日繁，闽、粤民人渡台耕种，谋食居住，日久置有房产，自不肯将其父母妻子仍置原籍，搬取同来，亦属人情之常。若一概严行禁绝，转易启私渡情弊，前经臣福康安据实奏明，毋庸禁止。嗣后安分良民，情愿携眷来台湾者，该地方官查实给照，准其渡海，一面移咨台湾地方官，将眷口编入民籍。其只身民人，亦由地方官一体查明给照，移咨入籍。如此则既可便民，而外内稽查匪徒，亦无从混冒。"①清廷重新开放民人渡台后，为了有效控制开禁后的民人渡台，次年又下旨让闽浙总督觉罗伍拉纳等人拟定设立官渡的办法。以往论者谈及此事，大多关注允许携眷的问题，然而，就整个清代民人渡台政策的变迁而言，开放只身民人渡台的意义其实要大于允许携眷渡台。自雍正二年（1724年）觉罗满保提议禁止只身民人渡台以来，终又开放一般民人渡台谋生。造成这一意外结果的原因，首要是林爽文事件后发现大量无籍民人，说明禁渡政策早已名存实亡。当时，单台湾府城就清查出 90 余万口，远超出台湾县册所载的 13.7 万余口。②此外，之所以能够实现这一变革，或许还与福康安的地位有一定关系。以往位居高位的官员

---

① 福康安:《清查台湾积弊酌筹善后事宜疏》，载中国人民大学清史研究所、中国第一历史档案馆编:《天地会》第 5 册，北京:中国人民大学出版社 1986 年版，第 99 页。

② 福康安:《清查台湾积弊酌筹善后事宜疏》，载中国人民大学清史研究所、中国第一历史档案馆编:《天地会》第 5 册，北京:中国人民大学出版社 1986 年版，第 98 页。

对清廷中枢的治台思路比较了解，很少能提出契合台情的主张。此后，清廷的治台政策制度基本稳定下来，直至清末牡丹社事件发生后，沈葆桢等人才再度对治台政策作重大调整，转为积极招徕内地民人赴台开发台东山区。

二、谢金銮、郑兼才与噶玛兰设治

嘉道年间，闽台官员及民间曾一度热议是否开发台湾东部的噶玛兰及水沙连诸"番地"，其结果是设立噶玛兰厅，水沙连地区则未被清廷接受。学界多将此时期东部"番地"的开发归于杨廷理等少数官员的努力。但若从整个清代台湾开发史的脉络看，开发台湾东部地区应是台湾进入深度开发阶段的历史必然。不过，清廷上层并不了解台地的新变化，仍倾向株守隔绝汉"番"接触的保守政策。在推动清政府积极开发台湾东部山地的过程中，鳌峰书院的师生同样发挥了重要作用，其中以谢金銮与郑兼才两位的贡献尤大。谢金銮（1757—1820 年），字退谷，福建侯官人。清乾隆五十三年（1788 年）举人，嘉庆十年（1805 年）任（台湾）嘉义教谕，著有《二勿斋文集》。郑兼才（1758—1822 年），字文化，号六亭，福建德化人，世代业儒。乾隆五十二年（1787 年），郑兼才奉福建巡抚徐嗣曾之檄，入鳌峰书院肄业，受教于福州名儒孟超然。乾隆五十四年（1789 年）被选为拔贡，入太学，深得祭酒王廷珍器重。乾隆五十九年（1794 年），补正蓝旗官学教习。郑兼才在京师游学九载，嘉庆二年（1797 年）任福州府闽清县学教谕。嘉庆三年（1793 年）举乡试第一，后连上公车十一次而不售，曾历任闽清、安溪、台湾、建宁等县学官，有《六亭文集》传世，卒后与谢金銮一起入祀乡

贤祠。

　　清嘉道年间，随着台湾西部地区基本开发殆尽，实力日益强大的汉人移民势力逐渐越过"土牛之界"，向被清廷封禁的台湾东部噶玛兰、水沙连等"生番"聚居地拓垦，是否应将两地纳入行政版图的问题提上日程。对于官方而言，这不仅是重启自乾隆以来便已停滞的在台增设行政机构，还直接牵涉是否变更已延续百年之久的汉"番"隔绝政策。有清一代，清廷在开发"番地"问题上长期存在两种基本主张：一为实行汉"番"隔离的政策，防止汉"番"接触产生冲突；一为采取抚"番"政策，将开发土地与招抚"番民"结合起来。台湾南北两路的荒地，最初都是"番民"的"鹿场"，并非无主之地。大陆移民入台开垦土地，不可避免地会触及"番民"的利益，引发汉"番"冲突，这成为困扰台地官民的两难问题：是鼓励移民开发土地，还是保护"番民"利益，禁止汉民入垦"番地"。汉"番"冲突在康熙晚期至雍正年间愈发频繁，逐渐引起清廷的重视。从现有的清宫档案中可以看出，在治台问题上雍正帝特别关心的，除了赴台官员的选任，就是台地的汉"番"关系，要求有"生番"伤人事件，务必上奏。①他反复谕令闽台官员应隔绝汉"番"交往，避免事端："自然过在内地佃民也。此皆地方官平素不实力严察之所致，及尔等亦难辞疏忽之咎，既生出事端，饬令设法缉捕，有何益也。汝等来时，朕谆谆训谕，但画清界限，令熟番、生番、百姓各安生理不相互侵扰，则可保相安无事之谕，汝等忘记。帅向后当防事于未然，方为治地方之道者，如此随事整饬，恐不胜

<hr>

　　① 禅济布：《奏报生番杀人折》，载《宫中档雍正朝奏折》第5辑，台北：台北故宫博物院1978年版，第449页。

124

其烦矣。总之，汝等庸才之辈，虚应故事者多，实心任事者少，奈何。"① 在雍正帝严厉督促下，巡台御史赫硕色建议不仅要划界禁止汉人出入"番地"，还要进一步禁止汉"番"交易物件，尤其火药、盐、铁等物品，并且要革逐"番"社内的通事，企图彻底断绝汉"番"往来。这一建言，被雍正帝赞为"第一妙策"。② 而后，封禁政策逐渐成为处理汉"番"关系基本措施，历经康雍乾三朝，不断强化。然而，民间开垦"番地"已然成风，清政府禁垦之令，始终难以彻底执行。加之由于移民私自开垦，占有大量土地，为了防止税源流失，雍正二、三年间，清政府曾一度下令准许私垦的"番地"升科报税，等于认可汉人对"番地"的开垦。③ 乾隆晚期，林爽文事件后，福康安遍巡台湾南北近山地区，发现封禁"番地"的土牛界限早已形同虚设。④

对于不少闽台地方官绅来说，"立界"，"禁汉民之入"，"迁

---

① 赫硕色：《奏报凤山县生番杀人折》，载《宫中档雍正朝奏折》第12辑，台北：台北故宫博物院1978年版，第216页。

② 赫硕色：《奏陈台湾地方事宜折》，载《宫中档雍正朝奏折》第12辑，台北：台北故宫博物院1978年版，第688页。

③ 参见柯志明：《番头家：清代台湾族群政治与熟番地权》，台北："中研院"社会学研究所2001年版，第106~113页。

④ 乾隆五十三年，福康安曾奏报："各处'番地'，不特嘉义以南，多有侵越，即淡水等处，续定土牛之界，亦成虚设。臣福康安追剿贼匪时，周历全郡，所过近山地方，良田弥望，村落相联，多在舆图定界之外。旧设土牛，并无遗址可寻。"（《钦差协办大学士福康安等奏募补番丁章程折》，载中国人民大学清史研究所、中国第一历史档案馆编：《天地会》第5册，北京：中国人民大学出版社1986年版，第81页。）

界以避"，都不是理"番"良方，① 他们认为开发土地与招抚"番民"可以相辅相成。雍正时期，蓝鼎元指出开发台湾对于解闽省之乏及台湾民"番"冲突均有特别意义："南北二路，地多闲旷，应饬有司劝民尽力开垦，勿听其荒芜，可以赢余米谷资闽省内地之用。且可以恢廓疆境，使生番不敢恣意出没射杀行人。"② 雍正七年（1729 年），署理台湾府知府沈起元还提出"限田"与"归化"并行的措施，一方面防止汉民无节制地滥垦，一方面必须酌留"番民生息之地"，能耕者划地教之耕，不能耕者按甲贴饷，以免影响"番民"生计，"亦虑激而为患"。③ 同时，对"生番"的治理，沈起元认为不可以"毒蛇猛兽"视之，经验证明"生番"一旦"归化"，便能成为官府的可靠助力，故应"鼓舞效顺"，使之将来皆渐化为"熟番"。④

到了嘉道年间，台湾的土地开发进入一个新的阶段，显著的变化是汉"番"的实力对比已彻底逆转，汉族移民有能力集合较大的拓垦集团向"生番"聚集的内山地区侵垦，这给地方官们提

---

① ［清］沈起元：《离任后覆台湾地亩科则生番界址事宜上督院高公》，《敬亭诗草八卷文稿九卷补遗一卷》卷五，清乾隆十九年刻增修本，第 29 页。自《四库未收书辑刊》第 8 辑第 26 册，北京：北京出版社 2000 年版，第 178 页。

② ［清］蓝鼎元：《鹿洲奏疏·经理台湾第二》，载蓝鼎元：《鹿洲全集》（下），蒋炳钊、王钿点校，厦门：厦门大学出版社 1995 年版，第 806 页。

③ ［清］沈起元：《治台私议》，载《敬亭诗草八卷文稿九卷补遗一卷》卷六，清乾隆十九年刻增修本，第 5~6 页，载四库未收书辑刊编纂委员会编：《四库未收书辑刊》第 8 辑第 26 册，北京：北京出版社 2000 年版，第 200~201 页。

④ ［清］沈起元：《治台私议》，载《敬亭诗草八卷文稿九卷补遗一卷》卷六，清乾隆十九年刻增修本，第 6~7 页，载四库未收书辑刊编纂委员会编：《四库未收书辑刊》第 8 辑第 26 册，北京：北京出版社 2000 年版，第 201 页。

出新的挑战：以往避免汉"番"冲突，主要是为防止"番"民出草伤人，如前述蓝鼎元、沈起元等人力主开发"番"地的目的之一，即是招抚"番"民，"使生番不敢恣意出没射杀行人"，现下地方官员则是担心内山"番"地被汉人侵垦，生存陷入危机。道光四年，姚莹在回应是否应开垦水沙连地区时便指出："水、埔二十四社，自雍正、乾隆间，即称沃衍。惟时番族犹盛，足以自固；汉人不知虚实，无敢深入。且台湾开辟未久，地利有余。……今山前无隙土矣，旧族日滋，新来不已……汉人蕃衍，丁口已二百五十余万，而生、熟社番不及二十分之一；匪惟贫削，实亦丁衰。寡弱之形，殆若有天数焉！其不能自固者，不仅水、埔二社也。势既寡弱，则奸民欺凌益甚。况频年深入，虚实周知；即外社熟番亦垂涎至矣！……既不能禁，不但番社被逼有走险之虞；抑且地形险阻，设有巨奸招聚亡命，即林爽文之大里杙也。其恶可胜言哉？则安抚之道，又不可不讲矣！"①姚莹不赞成开垦水沙连诸"番地"，但也认为"安抚之道，又不可不讲矣！"可见，在"生番"势力不断削弱的情况下，即使不招民开垦，以往的封禁政策也必须做出调整，不能简单将生番视为化外之民，任其自生自灭。

汉"番"势力消长带来更严重的隐患，是内山"番"地将更易受到叛乱力量的觊觎。咸丰四年（1854年），福建台湾道徐宗幹便观察到："前此林爽文穷蹙窜入，谋据险要，幸彼时私入之人无几、生番之势尚强，不为所据。数十年来，私入之人较多，

① 阙名（姚莹）：《东槎纪略·埔里社纪略》，载丁曰健：《治台必告录》卷二，清同治六年知足知止园刻本，第106页，载《续修四库全书》编纂委员会编：《续修四库全书》第882册，史部，上海：上海古籍出版社1995年版，第275页。

127

生番之势极弱。今昔异形，所以尚无事故者，以并无巨恶乘机窜入。设或成为巢穴，则险为贼据，番力不敢拒争。"① 原本人迹罕至的噶玛兰、水沙连诸番地，现下成为被觊觎的良田。相应地，封禁政策从主要是为防止"番"民出草伤人，转为避免因内山"番地"被汉人侵垦，导致"番民"生存陷入危机。

清廷如何应对这一新的形势？以吴沙为首的漳泉势力入垦噶玛兰的过程中，官方扮演的角色颇值得玩味。我们可以从地方官绅们的议论及记载中，体会其中微妙的态度差异。

首先要提到的是开兰支持者谢金銮所著《蛤仔难纪略》。谢金銮时任嘉义县教谕，著述此书是为支持杨廷理的开兰主张，为开兰造舆论，据言还曾由少詹事梁上国呈递给嘉庆帝："台湾巡道杨廷理建议辟噶玛兰。本宦考其始末，条其利害，为纪略一册。同乡梁太常上国据以入告，下所司议行，遂设官疆理，屹为海外东北屏障。其端固由本宦启之也。"② 他在讲述开兰缘起时称："内地民人蕃庶，地力已尽。蛤仔难番既通贸易，漳泉广东之民多至其地，垦田结庐以居以食，蚕丛未辟，官吏不至，以为乐土。闻风者接踵以至，于是围堡御患，自北而南，为头围、二围、三围，又南为四围。漳人有吴沙者，遂统其事，众目为头家。沙能部署，设立乡勇，以防生番。"③ 谢金銮强调吴沙等人

---

① 徐宗幹：《议水沙连六社番地请设屯丁书》，载台湾史料集成编辑委员会编：《明清台湾档案汇编》第 3 辑第 62 册，第 503~510 页。

② 《崇祀乡贤事迹录》，载谢金銮：《二勿斋文集》，陈支平主编：《台湾文献汇刊》第 4 辑第 13 册，北京：九州出版社、厦门：厦门大学出版社 2004 年版，第 21 页。

③ 谢金銮：《蛤仔难纪略·原由》，二勿斋藏版，道光甲午重刊，第 2 页。

因困于生计，谋食于兰地。其次是有"开兰名宦"之称的杨廷理，他曾任台湾府南路理番同知、知府等职，并摄理过噶玛兰通判，是噶玛兰开发的主要推动者之一。他在《议开台湾后山噶玛兰（即蛤仔难）节略》如此描述该地的开垦动议及过程："徐署郡篆，每向理称吴沙可信，并蛤仔难生番易于招抚，地方广袤、土性膏腴情形。屡会理禀商徐抚宪嗣曾，抚宪以经费无出，且系界外，恐肇番衅，弗允奏办。后闻吴沙私以盐布与生番往来贸易，适番社患痘，吴沙出方施药，全活甚多，番众德之，情愿分地付垦。吴沙遂招漳、泉、广三籍之人，并议设乡勇，以防生番反复。内地流民，闻风踵至。"① 杨廷理称吴沙自发入垦噶玛兰前，他本人与淡水同知徐梦麟有允许吴沙入垦的动议，其原因是该地"地方广袤、土性膏腴"，且"生番易于招抚"。换言之，部分地方官方因应了民间开发噶玛兰的诉求，曾试图主动引导噶玛兰的开发。

若比照道光元年（1821年）曾任噶玛兰通判的姚莹的记述，会发现杨廷理等人其实美化了吴沙入垦噶玛兰的过程。姚莹记言："林爽文之乱，虑贼北窜内山。同知徐梦麟言，三貂有吴沙，民番素信，可堵贼，毋使遁入者是也。沙既通番久，尝深入蛤仔难，知其地平广而腴，思入垦。与番割许天送、朱合、洪掌谋，招三籍流民入垦，并率乡勇二百余人、善番语者二十三人，以嘉庆元年九月十六日进至乌石港南，筑土围垦之，即头围也。……初入，与番日斗，彼此杀伤甚众。沙使人绐番曰：'我奉官令，以海贼将据蛤仔难尽灭诸番，特来堵贼，且护番垦田足众粮而

① 杨廷理：《议开台湾后山噶玛兰（即蛤仔难）节略》，载杨廷理：《知还书屋诗抄》，南投：台湾省文献委员会1996年版，第369页。

已，非有他也。'番性愚，不事耕凿，间有耕者，用力苦而成功少，故视地不甚惜。得沙言，疑信者半。斗又屡败，以为汉人有神助，稍置之。番社患痘，沙出方施药，全活甚众，德之。"[①]杨廷理称吴沙入垦噶玛兰的契机是"番民"感念吴氏施药救人，情愿"分地付垦"。而姚莹侧重记录了吴沙觊觎兰地肥沃，强行招人入垦的暴力历程，施药救人只是后来平息冲突的一个原因。[②]汉"番"冲突是清廷十分忌惮的话题，为了消除开兰阻碍，杨廷理等主张开兰者当然要尽量曲护吴沙等人。在正式向清廷提出开兰时，福州将军赛冲阿称私垦之民"或因节次台匪滋事，潜入避难；或因船只遭风击碎，随地流寓，历年久远，渐聚渐多"[③]；少詹事梁上国则如谢金銮所言含糊其词，并称垦民为知大义之民。[④]

---

① 姚莹：《噶玛兰原始》，载姚莹：《中复堂全集·东槎纪略》卷三，第2页，载沈云龙主编：《近代中国史料丛刊续编》第6辑，台北：文海出版社有限公司1974年版，第2534~2535页。

② 笔者所见最早记述吴沙与"生番"关系，是乾隆五十三年（1788年）福康安奏报林爽文事件缘由时，提及吴沙、许天送等人在三貂、蛤仔栏地方"租垦'番地'"，"素与'生番'熟悉"，故令其带领"生番"协助官兵林爽文等人。故吴沙入垦蛤仔栏的时间，或在林爽文事件前后，要早于杨廷理、姚莹等人所述。而嘉庆前后，则是吴沙等人开始大规模入垦噶玛兰地区。（《钦差协办大学士福康安等奏林爽文起事缘由折》，载中国人民大学清史研究所、中国第一历史档案馆编：《天地会》第4册，北京：中国人民大学出版社1983年版，第356页。）

③ 赛冲阿：《台湾蛤仔烂地方开垦地亩情形》，载中国第一历史档案馆、海峡两岸出版交流中心编：《明清宫藏台湾档案汇编》第117册，北京：九州出版社2009年版，第137页。

④ 梁上国：《台湾山外土田屡为洋股窥伺宜急筹收抚绝盗觊觎》，载中国第一历史档案馆、海峡两岸出版交流中心编：《明清宫藏台湾档案汇编》第117册，北京：九州出版社2009年版，第356~357页。

闽台地方官们希望将噶玛兰等“番地”纳入版图，主要是为了应对汉民大规模侵垦内山“番地”的趋势。但他们正式向清廷提出开发“番地”时，却回避了这一事实，另寻依据。噶玛兰地区作为“番界”，入籍过程颇为曲折。按杨廷理所述，自嘉庆元年（1796年）首倡至嘉庆十五（1810年）年正式纳入版图，前后经历十五载。而该地入籍起始为督抚所拒，转寰之机出现于嘉庆十一、二年间，其时蔡牵、朱濆骚扰台湾，觊觎噶玛兰地区，引起清廷上层对该地的重视。嘉庆十一年（1806年），嘉庆帝据福州将军赛冲阿所奏，称“淡水沪尾以北山内，有膏腴之地一处，为蔡逆素所窥伺”，要求询明该处地名，派官兵前往筹备防务，“相机办理”。[①] 嘉庆十二年（1807年）间，朱濆曾试图进攻苏澳“番”界，杨廷理在当地民众的协助下顺利围剿了来犯之敌。次年，赛冲阿奏请在该地屯田设弁，该地之民“为官出力”，成为主要理由：“蛤仔烂本系界外番地，今民人、熟番越界私垦，本应驱逐治罪。惟是开垦年久，已成永业，一经驱逐，不惟沃土抛荒，而无业游民盈千累万，实亦碍难办理。因思该处民番久已相安，且为官出力，自应归入版图，以广声教。虽番地初辟，设官安兵均多窒碍，而为之有渐，可期獉狉日开。”[②] 赛冲阿虽然比较谨慎，仅建议先在该地屯田，待将来“生番”渐转为“熟番”，田土日辟，民“番”情洽后，再正式设官安

① 此条材料最早似来自杨廷理的记述，笔者尚未找到赛冲阿的奏折及嘉庆帝的上谕。参见杨廷理:《议开台湾后山噶玛兰(即蛤仔难)节略》，自杨廷理:《知还书屋诗抄》，南投：台湾省文献委员会1996年版，第371页。

② 赛冲阿:《台湾蛤仔烂地方开垦地亩情形》，载中国第一历史档案馆、海峡两岸出版交流中心编:《明清宫藏台湾档案汇编》第117册，北京：九州出版社2009年版，第132页。

兵，仍未能被清廷接受。同年，詹事府少詹事梁上国的奏言却打动了嘉庆帝。梁上国以"台湾山外土田屡为洋股窥伺宜急筹收抚绝盗觊觎"为题，强调将该地收入版图，可以"绝盗贼觊觎之患"，"使海疆无化外之民"，"使全台增土田之利"，"使番社怀天朝之德"。① 嘉庆帝为此发布上谕：噶玛兰地区"若收入版图，不特绝洋盗窥伺之端，且可获海疆之利"。② 此后，清廷正式将开兰之事纳入议程。不过，此次开兰的努力仍因该地漳泉械斗而中止，之后出现转机则是当地"番民"主动内附。嘉庆十五年（1810 年）四月，闽浙总督方维甸奉命过台巡查时，噶玛兰"生番"头目包阿里等主动叩见，呈送户口清册，请求纳附。③方维甸据此，再度奏请将噶玛兰之地纳入版图，终得到清廷的同意。④

可见，防患内山"番地"为乱民所侵扰盘踞，才是清廷上层主要关心的问题。这也就不难理解，为何如杨廷理后来所自言，开兰乃是为了防盗："理汲汲欲开噶玛兰之见，实缘洋匪李培、蔡牵、朱濆先后窥伺，图作贼巢。理耳闻目击，不胜惶悚。若再

---

① 梁上国：《台湾山外土田屡为洋股窥伺宜急筹收抚绝盗觊觎》，载中国第一历史档案馆、海峡两岸出版交流中心编：《明清宫藏台湾档案汇编》第 117 册，北京：九州出版社 2009 年版，第 350~363 页。

② 《寄谕闽浙总督阿林保等台湾淡水田土丰饶令悉心妥议》，载中国第一历史档案馆、海峡两岸出版交流中心：《明清宫藏台湾档案汇编》第 117 册，北京：九州出版社 2009 年版，第 348 页。

③ 方维甸：《为查明噶玛兰即蛤仔难地势情形请收入版图设官以顺舆望以绥海疆事》，载台湾史料集成编辑委员会编：《明清台湾档案汇编》第 3 辑第 48 册，台北：远流出版事业股份有限公司 2007 年版，第 39~40 页。

④ 孙尔准：《为开辟台湾噶玛兰案内应行查办各款并未尽事宜按款定拟事》，载台湾史料集成编辑委员会编：《明清台湾档案汇编》第 3 辑第 50 册，台北：远流出版事业股份有限公司 2007 年版，第 453 页。

不及时收入版图，设官经理，万一水陆奸宄，互相勾结，负隅拒险，势必全台惊扰，故敢自任其事。"① 同为开兰支持者的台湾县学教谕郑兼才更为夸张，称蔡牵之所以垂涎台湾，目的即在占据噶玛兰，"然日久计熟，所欲得志者噶玛兰耳"。② 郑兼才还强调噶玛兰乃台湾要害之地，"以势论之，郡城地近极南，蛤仔难处极北，上可及下，下不能顾上，蛤仔难即可弃，为郡城计，不可弃也。以理论之，垦田数万、聚众数千，地为化外之地、人为向化之人，化外之地可弃，向化之人不可弃也。况其地易为巨盗占踞，未雨绸缪，斯为要著"③。

然而，谢金銮等人开兰之议的动机，实际上主要还是因应了民间的诉求。嘉庆十六年（1811 年），南投县丞翟灏有言："夫有其地若此，果能利其生番，治其田亩，广人烟，立学校，数十年必有大可观者。"④ 而高澍然评价杨廷理开兰之功，贡献在于该地产粮可解民困，"资其粟足食数郡，其泽尤可百世也"⑤。高澍然此论，反映的应是闽台民间对于开兰的一般认知。

---

① 杨廷理：《议开台湾后山噶玛兰（即蛤仔难）节略》，自杨廷理：《知还书屋诗抄》，南投：台湾省文献委员会 1996 年版，台北：远流出版事业股份有限公司 2007 年版，第 371 页。

② 郑兼才：《山海贼总论》，载台湾史料集成编辑委员会编：《明清台湾档案汇编》第 3 辑第 50 册，台北：远流出版事业股份有限公司 2007 年版，第 70~71 页。

③ 郑兼才：《上汪瑟菴先生书》，载台湾史料集成编辑委员会编：《明清台湾档案汇编》第 3 辑第 47 册，台北：远流出版事业股份有限公司 2007 年版，第 266 页。

④ 翟灏：《蛤仔烂记》，载台湾史料集成编辑委员会编：《明清台湾档案汇编》第 3 辑第 48 册，台北：远流出版事业股份有限公司 2007 年版，第 216 页。

⑤ 高澍然：《台湾知府杨廷理传》，载高澍然：《抑快轩文集》（二），扬州：江苏广陵古籍印刻社 1998 年版，第 827 页。

当然，平心而论，台湾东部山地开发的问题相当复杂，以上的论据主要出自官方文献，其立论自然主要是从清廷稳固台湾统治的角度出发。但噶玛兰、水沙连诸番地纳入版图，也就意味着将先前越界私垦的民人所据有的土地合法化，其中还存在民人与地方官差互相串通、牟取私利的情况。因此，地方官员要求解除封禁政策还有相当复杂的背景。深悉台地情实的姚莹之所以反对开垦水沙连诸"番地"，除了认为时机尚未成熟，担心"有司"与垦户勾结侵占"番民"土地也是重要原因："若夫雕题裸体之民，言语不通，蹲伏深山，垦耕自给，没世不敢出山一步，然犹慕化充屯；则是我朝之赤子，校诸汉奸不法者奚翅十倍。此土牛立界所以严申厉禁，诚仁之至也。有司守此边陲，不以宣播德威为务，乃任彼私人交通豪猾，违禁开边；且肆其凶残，暴其枯骨。所当骈首境上，以昭炯戒而慰番黎。乃复隐忍逾年，越垦之诘发自镇臣；斯时犹有阿意庇奸，为依违之说者。而非邑令抗争、镇道明决，则奸人之计仍行矣。"[1]

在清政府正式将台湾东部噶玛兰纳入版图的过程中，谢金銮与郑兼才发挥了不小的作用。二人在台还曾合作编撰《续修台湾县志》，[2] 后世以"谢、郑"并称之。[3] 陈寿祺称赞二人为

① 阙名（姚莹）：《东槎纪略·埔里社纪略》，载丁曰健：《治台必告录》卷二，清同治六年（1867年）知足知止园刻本，第106页，载《续修四库全书》第882册，史部，上海：上海古籍出版社1995年版，第275页。

② 《杨序》，载谢金銮：《续修台湾县志》，台湾文献丛刊第2辑（第32种），台北：台湾大通书局1987年版，第5~6页。

③ 有关谢金銮、郑兼才的相关研究，可参见程仁桃：《〈蛤仔难纪略〉与台湾宜兰的建置开发》，《中国地方志》2008年第4期；杨艳华：《清代学官郑兼才台湾宦绩考述》，《闽台文化研究》2014年第3期。

"学校之干城、儒林之圭臬，其所为皆他人所不能为"①。咸丰年间到台任学官的刘家谋曾把二人作为前贤标榜，"谢郑瀛东负重名，吾侪画虎可能成。敢云傲俗头难俛，自觉怜才意太明。官小岂容还降志，时艰未得遂忘情。一盘苜蓿餐何易，先路犹期导我行"②。连横《台湾通志》为谢、郑作合传，盛赞二人为台湾开发所做贡献，"若乃二子以冷署闲曹之官，而为开拓土开疆之计，可谓能立其言者矣"③。

三、刘家谋、林树梅等人与台湾社会及文教事业

除了上述的几位较为代表性的人物，还有不少出身鳌峰书院的官绅在清代台湾的开发建设上作出过突出的贡献，如刘家谋、林树梅等人。刘家谋在台官绩声誉颇高，而其影响主要在反映台湾社会现实的诗赋作品上。刘家谋是陈寿祺的得意门生之一。如前所述，陈寿祺提倡的经世之风，启发鳌峰书院的学子在诗赋创作时，特别关注社会现实和问题。道光二十九年（1849年）秋季，刘家谋赴台任职，后病逝于任所。他在台诗作主要有《观海集》和《海音诗》两集。通过这两部诗集，可以窥见其时台湾的不少社会景象。④在《奉陈星舟（震耀）丈》一诗中，他回顾鳌峰受教的经历，追溯蓝鼎元的治台思想，关心台湾百姓的疾苦，

①　陈寿祺：《台湾县学教谕推升泉州府学教授郑君兼才墓志铭》，载钱仪吉：《碑传集》卷一二〇，光绪十九年（1893年）江苏书局刻本。

②　刘家谋：《奉陈星舟（震耀）丈》，《观海集》卷四，新北：龙文出版社股份有限公司2012年版，第796~797页。

③　连横：《台湾通志》，北京：商务印书馆2010年版，第638页。

④　有关刘家谋的诗歌研究，可参见黄淑华：《刘家谋宦台诗歌研究》，台北：东吴大学博士学位论文，1999年；赖丽娟：《刘家谋社会写实诗研究》，厦门：厦门大学出版社2011年版。

分析台湾治乱的利弊，还表达了自己希望追寻谢金銮、郑兼才等鳌峰书院前辈的足迹，在台湾建立一番事业，"谢郑瀛东负重名，吾侪画虎可能成"：

> 廿载重逢大海滨，童时闻见忆能真。千间广厦资寒士，万斛飞艘拯病民。往日长官勤访问，故乡名辈耻因循。（君昔监峰书院，贡院之修，实董其事。福州米费，言诸掌教陈恭甫先生，请大府弛海禁，从之。于是台米内运者数高石）江河东注滔滔水，相对春风话苦辛。

> 富庶由来最此州，东征有客尚怀忧。（蓝鹿洲先生《台湾近咏》十首，于民风吏治，言之但然）可堪毒鳄存荒外，泥复哀鸿满道周。宽猛即今须并济，丰凶从古赖先筹。凭谁一问根源地，补救何当泥末流。

> 四年坐啸海门宽，袖手徒令发浩叹。愧我未能除五章，误人何独有三棺。千仓广积农仍困，（台商以费重利轻，不敢载米内渡，故米益贱售，力田所入，至不足供岁课）百货迟售贾愈艰，（油糖失利，民益无聊生矣）试问脂膏堪润否，食贫真不怨寒官。

> 谢郑瀛东负重名（谓退谷，六亭二广文），吾侪画虎可能成。敢云傲俗头难俛，自觉怜才意太明。官小岂容还降志，时艰未得遂忘情。一盘苜蓿餐何易，先路犹期导我行。（君尝为同安、惠安诸学官，皆得士心）。①

---

① 刘家谋:《奉陈星舟（震耀）丈》，载刘家谋:《观海集》卷四，新北:龙文出版社股份有限公司 2012 年版，第 796~797 页。

刘家谋在诗集中，肯定了谢金銮、郑兼才在台的功绩，诸如编撰《台湾县志》："发凡起例倍精严，谢郑同心两美兼；谁敢挥毫相点窜，画蛇应笑足轻添。"① 而以往研究者比较少注意到，刘家谋对台湾的开发治理，也颇有留意，如为开发台湾噶玛兰、水沙连等山后之地辩护。刘家谋有诗篇称颂杨廷理开兰之功："骑轻从减历危途，化日终教照一隅；争按图经谭拓土，可能威惠似双梧。"注曰："噶玛兰初开时，杨双梧太守廷理亲往勘视，与从寥寥不避艰险。噶民怀之，谢退谷广文尝序其事，比之陈雷阳。"② 又诗曰："卑南觅与水沙连，更有波澜万顷田；好续梁家詹事疏，一戈一甲乐尧年。"并自注："卑南觅在南路傀儡山后，凡七十二社；水沙连在北路，距彰化县治九十里，凡二十四社，泗波澜，一名秀孤鸾，又名秀姑鸾，在山后；北界噶玛兰，南界凤山，横四百余里，亘二百余里。三处皆地宽土沃，闽粤人多私垦其中。收之则有益国家，弃之则徒贻奸宄。诚使置官司，定田赋，收千里所出之利，以佐正供；纳数十万无籍之民，咸遵国法。劳在一时，逸在万世，岂曰小补之哉？"③

显然地，刘家谋的观点反映的仍然是众多闽台官员对于台湾开发的一般认知。嘉道年间，闽台官员吁请清廷在水沙连诸"番地"设治。道光十二年（1832 年），台湾爆发张丙之乱，官方担心乱民拥入内山"番地"。时任鳌峰书院山长陈寿祺曾建言加

① 刘家谋：《海音诗》，载刘家谋：《刘家谋全集汇编》第 2 册，新北：龙文出版社股份有限公司 2012 年版，第 576 页。

② 刘家谋：《海音诗》，载刘家谋：《刘家谋全集汇编》第 2 册，新北：龙文出版社股份有限公司 2012 年版，第 616 页。

③ 刘家谋：《海音诗》，载刘家谋：《刘家谋全集汇编》第 2 册，新北：龙文出版社股份有限公司 2012 年版，第 577~578 页。

强对水沙连诸"番地"的管理:"埔里社、水沙连诸番地,汉民各萃数万,势难禁绝。曩大吏履议辟境设官,缘畔(耕)垦田土,不得统理之人,因而中止。今纵未及定制,亦宜严定疆界,俾番民不相侵越、汉奸不得滋事,亦杜乱萌之涂,可以推及者也。"[1] 道光二十六年(1846年),闽浙总督刘韵珂将开垦水沙连诸社作为一省要务之一,显见当时开发台湾内山已成闽省上下关注的重要问题。[2] 当年,刘韵珂正式上奏将水沙连纳入版图,他在折中所提出的开垦水沙连等地的理由,除了该地"番民"主动内附,还有防止该地成为奸民聚集之地,以及增加税赋等兴利之处,要求援用噶玛兰改土归流之例,"一体开垦,设官抚治"。[3]

但是,刘韵珂等人的努力再度遭到清廷的否决。道光二十六年,江南道监察御史江鸿升回应刘韵珂的奏折,质疑水沙连"生番"内附的真诚,怀疑史密等官员的用意,更表示开发该地意义不大:"我朝版图式廓,为前古未有,固不在得此海隅黑子番地,

---

[1] 陈寿祺:《与程梓庭制府书》,载台湾史料集成编辑委员会编:《明清台湾档案汇编》第3辑第45册,台北:远流出版事业股份有限公司2007年版,第49页。

[2] 刘韵珂曾以开垦水沙连诸"番地"为由,专门要求清廷捡派官员赴闽襄办。参见刘韵珂:《为密陈闽省夷务繁重分任急须得人吁垦敕令熟习夷情之员来闽襄办以免疏虞事》,《明清台湾档案汇编》第3辑,第60页。

[3] 户部:《为移会内阁抄出闽浙总督刘韵珂等奏台湾水沙连六社生番输诚内附事》,《明清台湾档案汇编》第3辑第59册,第482~485页。

遂为盛世也。"①江鸿升此折影响颇大，刘韵珂后虽据实地考察，并将台地官员的意见重新上奏，终未能说服清廷接受开辟水沙连诸"番地"的请求。

道光二十七年（1847年）十月十九日，大学士穆彰阿回奏开垦水沙连诸"番社"事，正式反对在该地设治。他们认为开水沙连诸"番地"恐启汉"番"冲突，违背"杜渐防微"的传统治台旧例："番地旧以土牛为界，乾隆年间复立石碑，例禁甚严；此时辄请开边，究失杜渐防微之意，相应请旨，责成该督，妥为开导，慎重从事，与其轻议开辟而贻害于后，不若遵例封禁而遏利于先。以臣等愚昧之见，一切仍应从旧，无事更张，似觉妥协。"②清廷中枢的观点，仍拘泥于既有治台理念上，以避免汉"番"冲突为主，且比较关注治理该地的成本，对于民间的诉求，则视之为小利。道光帝据此合议，决定继续封禁"番地"："所议自系筹及久远，未肯迁就目前。且此项番地，旧以土牛为界，乾隆年间复立石碑，例禁系严，自应恪遵旧章，永昭法守。该督所请六社番地归官开垦之处，［着］毋庸议。"③此后，开发台湾东部"番地"的进程基本停滞，直至同治年间，沈葆桢等人因牡丹社事件重倡"开山抚番"，清廷才正式大规模开发台湾东

① 江鸿升:《为台湾水沙连生番献地宜防将来流弊事》,《明清台湾档案汇编》第 3 辑第 59 册, 第 507~508 页。另后来林豪曾记载, 江鸿升反对开发水沙连地区, 是因为史密得罪台地士绅所致。参见林豪:《丛谈（下）》, 载林豪:《东瀛纪事校注》, 顾敏耀校释, 台北: 台湾书房出版有限公司 2011年版, 第 230 页。

② 穆彰阿等:《为遵旨履勘水沙连六社番地体察各社番情会议具奏一切仍应从旧事》,《明清台湾档案汇编》第 3 辑第 60 册, 第 287~288 页。

③ 刘韵珂:《奏勘番地疏》,《明清台湾档案汇编》第 3 辑第 60 册, 第 352~353 页。

部山地。

刘家谋撰此诗，正值"水沙连"设治的努力再次遭遇失败，但他显然不认同清廷的决定，在说明当地实际情况后，继续呼吁清廷纳治，"收之则有益国家，弃之则徒贻奸宄。诚使置官司，定田赋，收千里所出之利，以佐正供；纳数十万无籍之民，咸遵国法。劳在一时，逸在万世，岂曰小补之哉？"并期盼朝廷里再有梁上国这样的官员助力，"好续梁家詹事疏，一戈一甲乐尧年"，完成设治使命。谢金銮、郑兼才、陈寿祺、刘家谋等人的活动，体现出身鳌峰书院的官绅对于噶玛兰、水沙连诸"番地"设治之事的持续关注与发挥的作用。刘家谋还肯定了以往陈梦林等人在台湾增邑增兵的主张，如其诗："一方擘画括全台，叙述何徒擅史才；添邑添兵关至计，他年筹海此胚胎。"并注曰："周宣子（钟瑄）《诸罗志》半成于陈少林（梦林）之手中。论半线以上当增置城邑，及北路兵单汛广，营制宜更，后皆如其议。"[①] 可见，鳌峰先贤们的治台思想，对于刘家谋有深刻的影响。

林树梅同样出身鳌峰，与刘家谋关系颇好。其师高澍然在陈寿祺过世后接任了鳌峰书院山长之职。林树梅曾作为幕僚赴台，协助凤山知县曹瑾处理地方事务并修筑著名的"曹公圳"等，立下了事功。在林树梅的著述中，有多篇讨论台湾水利建设及地方治理的问题。[②]

林树梅对于水利问题颇有心得，根据凤山的地理形势，为曹

---

① 刘家谋：《海音诗》，载刘家谋：《刘家谋全集汇编》第 2 册，新北：龙文出版社股份有限公司 2012 年版，第 575~576 页。

② 有关林树梅的研究，可参见陈著：《海疆文学书写与图像：以金门林树梅为中心》，北京：人民出版社 2017 年版。

谨设计了埤圳的建设及管理方案。① 他还向周凯说明台湾水利建设的重要性。在《上周芸皋夫子论台湾水利书》中，林树梅认同周凯"教民掘井"、预防旱灾的做法，"讲水利而戒惰农，正今日司牧之急务"，并畅言兴修水利有利于台湾的治化，"兴水利以销乱萌，护农田以定民志，治化大原，胥基于此"。修建水利设施有诸多好处，台湾民间却不积极。林树梅分析了主要困难，首先凿井的成本比较高，且需承担风险，民间多不愿为之，"顾其所以未尽行者，掘井诚利，彼掘井者未必利也，盖一井需费十数金，灌田不过五亩，五亩之收，不过三十石，石粟直一金，又分之佃人，利未见而先受累。或凿已丈许，而仍不及泉，或凿于田中，牛犁不便，皆不以为利，而治者少也"。而主事者因循避事，不愿为民出力，官民相互诿事，造成水利荒废，"向之长民者，既仍其常而不肯为，民亦狃于习而难于为，遂令事之大有为，而竟莫之为也！"为此，林树梅寄望于周凯推动水利事业，"夫所费在耳目之前，而利至于数十百世而未有艾，岂不在于吾夫子乎？夫子以谓何如也？"②

林树梅在《与曹怀朴明府论凤山县事宜书》中，向曹瑾提出了"筹赈粜""编保甲""驭胥役""急捕务""省无辜""禁图赖""广教化""崇祀典""清港澳""和闽粤"等十条建议。③

① 林树梅:《与曹怀朴明府论凤山县事宜书》，载林树梅:《林树梅集》，陈茗点校，北京：商务印书馆2018年版，第102~108页。

② 林树梅:《上周芸皋夫子论台湾水利书》，载林树梅:《林树梅集》，陈茗点校，北京：商务印书馆2018年版，第100~101页。

③ 林树梅:《与曹怀朴明府论凤山县事宜书》，载林树梅:《林树梅集》，陈茗点校，北京：商务印书馆2018年版，第113~116页。

首先，林树梅特别注意官吏扰民等吏治问题。如禁止官吏与富户勾结，防止抬高米价，言"有殷户抬价，兵役强买，与奸商冒混收者，则治以罪，庶穷黎得沾实惠。耀米既出自殷户，钱应听民自理，胥吏无得干涉。或所捐不敷给发，再劝各庄以薯干接耀，亦于民食有裨"。如台湾衙门胥役横行的社会问题及救济之法，其文曰："衙门不能不用胥役，要不可为胥役所用。盖此辈惟利是图，宽以待之，未必感恩循理，苟以束之，易至怨望挟嫌。台地皂隶，多系无赖营充，内恃衙门，外通声气，甚且勾联党援，肆志横行。每名正役，私伙尝百十人，或有事下乡，相从者五六十计，是则四差奉票追呼，将至二百余人。乡庄小民何堪鱼肉！拘讯细故，断不可遽听添差，至于刁民窜名班役，门挂本官衔灯，藉以雄长生事者，所在多有，尤宜禁革。门丁长随，亦当稽查其出入，庶不致勾通作弊。"如"编保甲"，即整顿保甲制度，避免衙役须索，保证保甲制度的有效实施："清庄联甲，向属善政，尤台地要务。如果总董、甲长，力行遵办，何至械斗、谋逆？夫匪徒形踪纵多诡秘，就近总董岂无见闻？械斗、纠聚纷纭，甲长何难化解？特所谓总甲者举充，实难其人。公正诚实者既不肯充；而强者庇贼不发，藉以分肥；庸弱者惧事株连，明知而不敢发。况庄丁获贼解官，胥役动需衙费，往往未及讯问，而获贼者已耗不赀。或非重案，官为开释，而此既释之，贼遂向获者反噬。"如"省无辜"，要求官吏不可滥用刑罚，防止无辜受罪，盗贼反而漏网，"劫案正盗未获，或解小盗搪塞，亦有庄人挟嫌耸差泄忿者，讯供切勿遽用大刑。盖愚民本畏见官，加以大刑，棰楚之下，何求不得？无辜诬服，即正盗漏网矣。然果属良民，庄众必来结保。惟有一种平日不无败行，而实非此案正犯，此处最宜详慎。若夫奸匪掳人勒赎，诈索不遂，私用毒刑，危在呼吸，始行送官。脱有不保，是官受杀人之名，而彼泄营私之忿。宜穷治之，责以保辜，勿坠其术。"如"急捕务"，批评官兵互相推诿的问题："夫营兵获盗，县不审理，县役会拿，营不接应，此其争功属己之见，已伏偾事纵贼之机，故文武和衷，尤为捕盗先务。"如"禁图赖"，仍告诫官吏不可勒索百姓，"台民昔鲜土著，流寓者率无期功之亲，同乡并即如同骨肉，疾病相扶持，死丧相赙助，风诚厚也。今则流寓者一遇疾病，主人必驱遣露处，听其自毙，盖畏衙役指命冒诈，尸亲藉死图赖，亦迫于不得已而然也。而恶俗动以小忿轻生，尸亲既视为奇货，官役亦资为利薮。间有既廉其冤，复以人命重大未遽轻释者，则辗转稽迟之下，民已破家，甚且殒命矣。窃谓法行自迩，官必先存省事之心，役则重其生事之罪，而明示百姓，使知听索与勒索者同科，或隳风可少挽耳"。

其次，则重在文教之风。一为"广教化"，林树梅言："欲正民风，先崇士品，顾非徒尚虚文也。今下车伊始，宜举观风，试细加采访平日笃学能文者，送入书院中而培养之，使知为士之贵。更加奖经明行修之士，而优异之，厚其廪饩，使知正学之尊。台民虽多浇悍喜事，然导以礼义，各具天良，亦易与为治。若不见德而恃威，谓杀一警百，或以杀止杀，皆非绥靖保安之至计。宜刊学规以示多士，朔望宣讲圣谕，以晓愚民。或于各里中设一讲约生，官有下乡，令同乡保传集各家房长，率其子弟咸来听讲。并刊民间易犯之律，昭示通衢，使人人知所警畏。父诫其子，兄勉其弟，庶顽梗可化为淳良也。"一为"崇祀典"，言："圣庙学署在旧治北门外，风雨交摧，剥蚀渗漏，非所以肃明禋重文教也。宜先为倡捐修葺，倘能移建埠头城内，尤得尊祀之体。若学署之右有名宦祠祀知县谭垣、史必大；埠城之忠义祠祀嘉庆十年殉难知县吴兆麟，下淡水营都司黄云，台署都司涂钟玺，干总苏明荣，把总苏国梁、沈桂枝，南路营把总吴高、朱元英，外委赖名、梁惠、连升、沈友谅、严有信及殉难各兵民，设主题名，既无伤泯没矣。更考《府志》，凤山县知县方邦基、杨芳声、宋永清、钱洙、陈志泰，教论黄赐英皆有功德于民。旧城碑刻，雍正元年旌表忠义，南路营守备马定国、把总林富、镇标左营千总陈元、右营领旗王奇生。又，埠城城隍庙碑刻，乾隆五十一年，贼陷凤山县城，知县汤大奎率其子苟业、据《东瀛纪事》补。典史史谦均不屈死。以上未膺祀典文武各官宜分请增祀名宦、忠义，以昭风化，以慰忠魂。至于贞孝、节烈妇女尤当加意表彰。旧城节孝祠祀典久缺，宜关移儒学公筹费用，就近致祭，并令各氏子孙陪祭，使知名教之重。更示谕各庄，如有贞孝节烈妇女，已符年例，贫乏不能自达者，俾绅士各举所知，加结汇报，以凭具详请旌，亦廉顽立儒之一助也。"

最后，林树梅要求官吏"清港澳""和闽粤"，前者则要求水陆营汛加强巡查，防止私渡之事，"若枋寮至琅峤，远在界外，海多怪石，船触立碎，遇风即飘荡落，尤难寄碇。惟春季风平，每有内地匪船游奕伺劫，宜于此时会水陆营汛勤巡缉，杜接济也"。后者则是公平处理闽粤争端，即"闽、粤向来分党，遇有控案，不惮远勘，为之公平判结，教以相和。民亦有心，自可输服，服则和，和则安，而乱萌消矣"。

林树梅另有数文与时任兴泉永道周凯、凤山知县曹瑾谈兴修水利事宜，并提出"兴文教以培士风""修津梁以通道路""广栽植以尽地利""辑志乘以资考镜"等建议,^①颇得周凯、曹瑾等的肯定。此外,林树梅的著述还涉及闽台海上交通以及抗倭事迹、鸦片战争的闽台海防等问题,显见其对闽台地方事务的关心与卓见。

从林树梅的建言看,他着重于吏治、贫民救济、平息闽粤矛盾以及文教等事宜。而曾长期困扰台湾官员的"流民"及汉"番"冲突等问题,并未被涉及。其时,在其文集中,有讨论"琅峤闽粤民番纠斗"之事,却未作为重要问题提出,这或可以说明凤山地区经历数百年的开发,其社会发展的水平已比较高。

要而言之,由于闽台的特殊关系,福建官绅形成重视台湾情势的传统。鳌峰书院作为闽省居首的学府,不少师生对台湾的实际情况了解颇深。如高澍然评林树梅之所以重视治台问题,缘于台湾在福建的特殊地位:"念台湾安,全闽无事,益习海外塞、民风、士宜张弛之治。"^②他们虽多属学官,但在清代台湾的开发与治理诸多问题上,曾提出不少切中时弊的主张。无论是清初台湾刚纳入版图的初创时代,还是嘉道间台湾社会向定居社会转型时期,或是近代以后面临外敌入侵时的治台政策应对,都有鳌峰师生建言献策,并为当道所重视。而嘉道间正值得其时台湾社

---

① 参见林树梅:《上周芸皋夫子论台湾水利书》,载林树梅:《林树梅集》,陈茗点校,北京:商务印书馆 2018 年版,第 100~101 页;《与曹怀朴明府论凤山水利书》,载林树梅:《林树梅集》,陈茗点校,北京:商务印书馆 2018 年版,第 102~104 页;《贺曹明府水利告成并善后事宜书》,载林树梅:《林树梅集》,陈茗点校,北京:商务印书馆 2018 年版,第 108~110 页。
② 高澍然:《啸云山人文抄序》,载林树梅:《林树梅集》,陈茗点校,北京:商务印书馆 2018 年版,第 295 页。

会发展面临新的瓶颈，急需对治台政策作出适当调整。受鳌峰书院经世学风影响的士子自然会关注到一直都是闽政重心的治台问题，并在其中发挥了相当重要的作用。

总之，乾隆中叶以前，福建学界死守日趋衰落的朱子学，与其他学术发达地区繁荣的乾嘉汉学形成鲜明对比。但是与原来学界所认为的有清一代福建基本上都是死守朱子学的看法不同，嘉道以后，福建逐渐向汉宋并重、兼收并蓄的比较开放的学风转化，一改盛极一时的乾嘉考据学、小学、金石学、舆地学等学术研究在福建极端落后的局面，经世实学在闽省萌发，古文诗赋的风气也得到振兴，这些都反映了近代前期福建学界相当活跃的景象。嘉道后福建学风的变迁，与乾隆末年社会危机恶化、吏治腐败、士风不振等诸多问题有密切的关系，正是为了应对种种危机，士人希望通过整治学风来回挽士风，为缓解社会危机寻找出路。

鳌峰书院作为闽省育才重地，长期占据一省文教中心，在福建地位举足轻重。郑光策、陈寿祺等有心整治福建的社会危机，改变学术落后的局面。他们依据掌教鳌峰书院的有利条件，力图通过对鳌峰书院的改革，来实现他们的教育目标与社会抱负。嘉道年间，鳌峰书院的学术特征与程朱学者孟超然掌教以前有了很大的不同。经世之学、考据学以及古文诗赋在鳌峰书院得到提倡与发展，扭转了以往诸生埋头八股制艺、只攻举业的情况，学风有了较大的振兴。同时，招生制度的改变也使更多真正有潜质的人才得以在鳌峰肄业，他们把新学风推广到全省各地，体现鳌峰书院学术风气转化对全省的影响。嘉道年间，福建的汉宋并重、兼收并蓄风气的兴起与鳌峰书院学风的转型不无关系。

嘉道年间闽省学风的新变化与当时全国的学风变化在很多方面存在一定程度的共性。如经世之学的复兴，汉宋学出现融合的趋势，今文经学、金石学的兴起，诗风的变迁等。实际上汉学在闽省的兴起，是汉学在由鼎盛走向衰落过程中，在原有汉学并不发达的边缘地带出现局部回升的体现，它反映了汉学学术地理分布的变化。倡导汉学的陈寿祺及其弟子，并不排斥理学，这与他们对乾嘉汉学末流只知考据不问现实、忽视义理修养的弊端的反思有关，也和福建省有着深厚的程朱理学传统有关。孙经世、陈庆镛等人在经世考据上有突出成就，但其治学根柢仍在于朱子学。新兴的经世考据之学对嘉道以后兴起的古文诗赋产生了影响。陈寿祺等人注重作诗文的经世功底，注意赋文的锻炼，所以嘉道闽诗有"学人之诗"的说法。而嘉道闽诗多有反映社会现实、关心人民疾苦的内容，这与经世之学的兴起关系密切。嘉道年间闽省新学风的出现，为道光后福建在小学、金石学、史学等领域的发展，以及同光诗派在福建的出现奠定了基础。

鳌峰书院学风的转变是嘉道间福建学风转变的一个缩影，作为全省的文教重心，鳌峰书院转变推动了福建内地学风的转变，也深刻地影响了台湾地区的教育与士风。不仅如此，受经世致用学风影响的鳌峰士子们还关注一直都是闽政重心的治台问题，并在其中扮演了相当重要的角色。陈梦林、蓝鼎元、郑光策、谢金銮、郑兼才、刘家谋、林树梅等人的主张，可谓代表了闽台地区地方官员对治台问题基本看法，对于清政府调整治台措施有着重要的影响。

当然，学风的转变是个艰难的过程，从乾隆中叶开始，到嘉道年间最终形成，经历了大半个世纪，之中纠缠着许多学术门户之争。围绕嘉道《福建通志》的体例之争就是其中的一个典型事件。

嘉道年间处于中国面临新的历史阶段的前夜，鳌峰书院与闽省较为开放的学风的形成，对闽省学者及官员用较为现实的角度应对即将到来的社会危机，提出切实可行的应对策略，有着重要的影响。闽省学者对鸦片危害、西方教会势力在福建省内的渗透都有深刻的认识，他们关于吏治、漕运诸多问题的见解与主张在林则徐、沈葆桢等人吏治思想的形成过程中有着一定的作用。总之，探讨嘉道年间鳌峰书院与闽省学风的转化，纠正原来学界对清后期福建学术发展脉络不够确切的认识，有助于深化对当时闽人的思想与学术的理解，也有裨于全面了解全国学风的转变。

参考文献

林祚曾编:《鳌峰书院藏书目录》,同治十三年(1874年)刻本。

张元奇编:《鳌峰书院课艺》,光绪二十八年(1902年)刻本。

赵所生、薛正兴主编:《中国历代书院志》第10册,南京:江苏教育出版社1995年版。

周锺瑄主修,陈梦林等编撰:《诸罗县志》,台北:大通书局1984年版。

陈乔枞编:《题鳌峰载笔图卷》,清道光手抄本。

陈乔枞编:《陈寿祺先生传状合刻》,清刻本。

李光地:《榕村语录·榕村续语录》,北京:中华书局1995年版。

蓝鼎元:《鹿洲奏疏·经理台湾第二》,《鹿洲全集》(下),蒋炳钊、王钿点校,厦门:厦门大学出版社1995年版。

朱仕琇:《梅崖居士文集》,清刻本。

陈庚焕:《惕庵初稿》,清刻本。

林宾日:《林宾日日记》,南京:江苏古籍出版社2000年版。

龚景瀚:《澹静斋全集》,清刻本。

林乔荫:《三礼陈数求义》,清嘉庆诵芬堂刻本。

李彦章:《榕园全集》,清道光二十年(1840年)刻本。

参考文献

郑光策:《西霞文抄》,清刻本。

陈寿祺:《左海全集》,清道光年间陈氏刻本。

谢震:《樱桃轩诗集》,清刻本。

何治运:《何氏学》,清杭州爱日轩刻本。

梁章钜:《退庵随笔》,台北:文海出版社1965年版。

梁章钜:《归田琐记》,北京:中华书局1981年版。

王庆云:《石渠余记》,北京:北京古籍出版社1985年版。

王传灿:《王文勤公(庆云)年谱》,台北:文海出版社1967年版。

高澍然:《抑快轩文抄》,陈氏沧趣楼选本,1948年。

刘存仁:《笃旧集》,清咸丰九年(1859年)兰州刻本。

刘存仁:《屺云楼文抄》,清光绪四年(1878年)福州刻本。

林寿图:《华山游草》,清同治八年(1869年)欧斋刻本。

林寿图:《黄鹄山人诗初抄》,清刻本。

陈崇砥、陈宝廉:《高节陈氏诗略》,清刻本。

陈崇砥:《治蝗书》,清同治十三年(1874年)莲池书局刻本。

曾元澄:《养拙斋诗存》,民国十三年(1924年)刊本。

孙经世:《经传释词再补》,清刻本。

孙经世:《惕斋经说》,清刻本。

陈庆镛:《籀经堂类稿》,清光绪癸未(1883年)刻本。

王捷南:《闽中沿革表》,道光刻本。

张冕:《春秋至朔通考》,清嘉庆刻本。

张际亮:《张亨甫全集》,清同治丁卯(1867年)福州刻本。

张际亮:《交旧录传》,民国手抄本。

林春溥:《竹柏山房十五种》,清道光乙未(1835年)竹柏山房刻本。

林昌彝:《林昌彝诗文集》,上海:上海古籍出版社1989年版。

林昌彝:《海天琴思录》,清同治甲子年(1864年)刻本。

林昌彝:《海天琴思续录》,清同治己巳年(1869年)广州刻本。

林昌彝:《三礼通释》,清同治三年(1864年)广州刻本。

林昌彝:《射鹰楼诗话》,清咸丰元年(1851年)刻本。

林昌彝:《砚桂绪录》,清刻本。

刘家谋:《观海集》,台北:台湾省文献委员会1997年版。

刘家谋:《操风琐录》,清仓圣明智大学刊行。

刘家谋:《外丁卯桥居士初稿》,清道光戊申(1848年)东洋学署刊本。

翁时稚:《金粟如来诗龛集》,清刻本。

林鸿年:《松风仙馆诗草》,清咸丰庚申(1860年)刻本。

蒋薰:《云寮山人文抄》,清咸丰元年(1851年)刻本。

张亨嘉:《张亨嘉文集》,北京:北京大学出版社2003年版。

张岳崧:《筠心堂文集》,清道光刻本。

杨浚:《岛居随录续录》,清光绪丁亥(1887年)养云书屋刻本。

郭柏苍:《闽中郑兼秋全集》,清刻本。

吕世宜:《爱吾庐文抄》,清刻本。

陈衍:《陈石遗集》,福州:福建人民出版社2001年版。

谢章铤:《赌棋山庄全集》,台北:文海出版社1974年版。

参考文献

陈寿祺编:《福建通志》,清同治刻本。

陈衍编:《福建通志列传选》,台北:大通书局1987年版。

陈衍编:《闽侯县志》,民国二十二年(1933年)刊本。

刘声木:《苌楚斋随笔·续笔·三笔·四笔·五笔》,北京:中华书局1998年版。

陈康祺:《郎潜纪闻初笔·二笔·三笔》,北京:中华书局1984年版。

施鸿保:《闽杂记》,清光绪戊寅申报馆(1878年)。

林树梅:《林树梅集》,北京:商务印书馆2018年版。

《福建文化》,福建协和大学福建文化研究会,1931—1948年版。

谢国桢:《近代书院学校制度变迁考》,台北:文海出版社1974年版。

张正藩:《中国书院制度考略》,南京:江苏教育出版社1985年版。

杨慎初、朱汉民、邓洪波:《岳麓书院史略》,长沙:岳麓书社1986年版。

李国钧:《中国书院史》,长沙:湖南教育出版社1994年版。

赵所生、薛正兴主编:《中国历代书院志》,南京:江苏教育出版社1995年版。

胡青:《书院的社会功能及其文化特色》,武汉:湖北教育出版社1996年版。

陈谷嘉、邓洪波主编:《中国书院制度研究》,杭州:浙江教育出版社1997年版。

陈谷嘉、邓洪波主编:《中国书院史资料》,济南:齐鲁书社1998年版。

邓洪波:《中国书院章程》,长沙:湖南大学出版社2000年版。

邓洪波:《中国书院学规》,长沙:湖南大学出版社2000年版。

福建师大图书馆古籍组编:《福建地方文献及闽人著述综录》,内部资料,1986年。

高令印、陈其芳:《福建朱子学》,福州:福建人民出版社1986年版。

刘树勋主编:《闽学源流》,福州:福建教育出版社1993年版。

徐晓望主编:《福建思想文化史纲》,福州:福建教育出版社1996年版。

陈庆元:《福建文学发展史》,福州:福建教育出版社1996年版。

刘海峰、庄明水:《福建教育史》,福州:福建教育出版社1996年版。

福建省地方志编纂委员会:《福建省志·教育志》,北京:方志出版社1998年版。

福建省炎黄文化研究会:《闽文化源流与近代福建文化变迁》,福州:海峡文艺出版社1999年版。

政协福建省委员会文史资料委员会:《文史资料选编·第一卷·教育编》,福州:福建人民出版社2001年版。

李成良:《阮元思想研究》,成都:四川人民出版社1997年版。

来新夏:《林则徐年谱新编》,天津:南开大学出版社1997年版。

林庆元:《林则徐评传》,南京:南京大学出版社 2000 年版。

庞百腾:《沈葆桢评传》,上海:上海古籍出版社 2000 年版。

赖丽娟:《刘家谋社会写实诗研究》,厦门:厦门大学出版社 2011 年版。

陈茗:《海疆文学书写与图像:以金门林树梅为中心》,北京:人民出版社 2017 年版。

张寿安:《以礼代理——凌廷堪与清中叶儒学思想之转变》,石家庄:河北教育出版社 2001 年版。

张舜徽:《清人文集别录》,北京:中华书局 1980 年版。

皮锡瑞:《经学历史》,北京:中华书局 1981 年版。

徐世昌:《清儒学案》,北京:中国书店 1990 年版。

[美]艾尔曼:《从理学到朴学——中华帝国晚期思想与社会变化面面观》,南京:江苏人民出版社 1995 年版。

[美]艾尔曼:《经学、政治和宗族——中华帝国晚期常州今文学派研究》,南京:江苏人民出版社 1999 年版。

曹虹:《阳湖文派研究》,北京:中华书局 1996 年版。

钱穆:《中国近三百年学术史》,北京:商务印书馆 1997 年版。

龚书铎:《中国近代文化探索》,北京:北京师范大学出版社 1997 年版。

杨念群:《儒学地域化的近代形态——三大知识群体互动的比较研究》,北京:生活·读书·新知三联书店 1997 年版。

梁启超:《清代学术概论》,上海:上海古籍出版社 1998 年版。

余英时:《中国思想传统的现代诠释》,南京:江苏人民出版社 1998 年版。

支伟成:《清代朴学大师列传》,长沙：岳麓书社 1998 年版。

王汎森:《中国近代思想与学术的系谱》,石家庄：河北教育
出版社 2001 年版。

柯志明:《番头家：清代台湾族群政治与熟番地权》,台北：
"中研院"社会学研究所 2001 年版。

王尔敏:《中国近代思想史论》,北京：社会科学文献出版社
2003 年版。

梁启超:《近代学术地理分布》,载梁启超:《梁启超全集》第
7 册,北京：北京出版社 1999 年版。

官桂铨:《林则徐〈题鳌峰载笔图〉考》,《福建论坛》(文史
哲版) 1984 年第 1 期。

Suzanne Wilson Barneet. Foochow's Academies: Public
Ordering and Expanding Education in the Late Nineteenth
Century,《"中研院"近史所集刊》1987 年第 16 期。

林家钟:《道光〈福建通志〉纠纷始末》,《福建史志》1988 年
第 1 期。

黄兆郸:《记一个被遗忘了的福州名学府——越山书院》,《福
建史志》1989 年第 3 期。

黄保万:《论郑光策与林则徐》,《福建学刊》1992 年第 3 期。

陈庆元:《乾嘉间福建的学人之诗——以陈寿祺为中心》,《福
建师范大学学报》(哲社版) 1996 年第 2 期。

陈庆元:《论朱仕琇的古文》,《南平师专学报》1996 年第 3
期。

陈其泰：《论嘉道时期学术风气的新旧推移》，《中国史研究》1998 年第 4 期。

许维勤：《论鳌峰书院及其对闽台教育文化的影响——兼及闽台学缘》，《福建论坛》（人文社会科学版）2000 年第 6 期。

许维勤：《叩开消逝的斋院——鳌峰书院兴衰记》，载啸马主编：《八闽文苑——炎黄纵横文选》，福州：海峡文艺出版社 2000 年版。

刘新慧：《试论林爽文起义后清廷的善后措施》，《中国社会科学院研究生院学报》2001 年第 5 期。

许维勤：《鳌峰书院的学术传统及其对林则徐的滋养》，《清史研究》2007 年第 3 期。

程仁桃：《〈蛤仔难纪略〉与台湾宜兰的建置开发》，《中国地方志》2008 年第 4 期。

程美宝：《区域研究取向的探索——评杨念群著〈儒学地域化的近代形态〉》，《历史研究》2001 年第 1 期。

王俊义：《张际亮的诗文与爱国思想》，载王俊义：《清代学术探研录》，北京：中国社会科学出版社 2002 年版。

曹江红：《黄宗羲与〈明史·道学传〉的废置》，《中国社会科学院研究生院学报》2002 年第 1 期。

黄新宪：《闽台书院的历史渊源》，《华东师大学报》（教育科学版）2002 年第 2 期。

汪毅夫：《从刘家谋诗看道咸年间台湾社会之状况——记刘家谋及其〈观海集〉和〈海音诗〉》，《台湾研究集刊》2002 年第 4 期。

汪毅夫：《林树梅作品里的闽台地方史料》，《台湾研究集刊》

2004 年第 1 期。

陈居渊:《论乾嘉汉学的更新运动》,《中国史研究》2002 年第 4 期。

王世光:《清儒视野中的"假道学"》,《求索》2002 年第 5 期。

史革新:《陈寿祺与清嘉道年间闽省学风的演变》,《福建论坛》(人文社会科学版) 2002 年第 6 期。

史革新:《略论晚清汉学的兴衰与变化》,《史学月刊》2003 年第 3 期。

宋巧燕:《诂经精舍的文学教学》,《湖南大学学报》(社会科学版)2003 年第 3 期。

严寿澄:《道光朝士风与学术转向——读沈垚落帆楼文集》,载李国章、赵昌平主编:《中华文史论丛》第 71 辑,上海:上海古籍出版社 2003 年版。

罗检秋:《从清代汉宋关系看今文经学的兴起》,《近代史研究》2004 年第 1 期。

雷平:《近十年来大陆乾嘉考据学研究综述》,《史学月刊》2004 年第 1 期。

黄新宪:《清代福建书院的若干特色及当代价值》,载朱汉民主编:《中国书院》第 5 辑,长沙:湖南教育出版社 2003 年版。

陈忠纯:《鳌峰书院与近代前夜的闽省学风——嘉道间福建鳌峰书院学风转变及其影响初探》,《湖南大学学报》(社会科学版) 2006 年第 1 期。

陈忠纯:《学风转变与地方志的编撰——道光〈福建通志〉体例纠纷新探》,《福建论坛》(人文社会科学版) 2007 年第 2 期。

肖满省、卢翠琬：《鳌峰书院经世致用思想及其现代意义》，《闽江学院学报》2012 年第 3 期。

许维勤：《鳌峰书院与清代福建理学的复兴》，《闽江学院学报》2012 年第 6 期。

王胜军：《〈正谊堂全书〉编刻与鳌峰书院关系考论》，《江西教育学院学报》2013 年第 2 期。

杨艳华：《清代学官郑兼才台湾宦绩考述》，《闽台文化研究》2014 年第 4 期。

任灵兰：《嘉道时期士大夫的学术风尚》，北京师范大学博士学位论文，1998 年。

魏永生：《清中晚期汉宋学关系研究》，北京师范大学博士学位论文，1999 年。

林拓：《福建文化地域性研究》，复旦大学博士学位论文，1999 年。

黄淑华：《刘家谋宦台诗歌研究》，东吴大学博士论文，1999 年。

王建梁：《清代书院与汉学的互动研究》，北京师范大学博士学位论文，2002 年。

陈忠纯：《清嘉道间鳌峰书院的学术特征及其影响》，北京师范大学硕士学位论文，2004 年。

王易：《清代福州鳌峰书院研究》，福建师范大学硕士学位论文，2010 年。

陈萍：《清代福州鳌峰书院藏书研究》，福建师范大学硕士学位论文，2013 年。

鳌峰书院与近代前夜的闽省学风

——嘉道间福建鳌峰书院学风转变及其影响初探

陈忠纯

摘要：嘉道之际，兴盛一时的乾嘉汉学在总体上开始走下坡路，在原有汉学不发达的地区却呈现局部上升的趋势。嘉道间福建鳌峰书院学风转变就反映了这点。当时福建境内社会危机加剧，促使福建学者关注现实，思想逐步由虚空转入务实。在传统士人眼里，社会风俗的变化与学术人心的改变紧密相关，于是反思学术人心成为扭转危机的重要途径。陈寿祺等人希望通过改革作为福建书院教育中心的鳌峰书院，促使福建的学风发生变化，在福建兴起崇经致用的新学风。而且陈寿祺所倡导的学风也体现了注重经世致用、汉宋并重等嘉道以后的汉学新风气。

关键词：学风转化；汉宋并重；经世之学；古文诗赋

"人聚鳌峰秀，易传光地学。"自康熙中期以后的较长一段时间内，鳌峰书院长期占据着福建文教中心的位置，是清代福建最重要的育才和学术基地。① 有清一代的福建名宦鸿学大都曾或在此讲学，或在此求学。谢章铤有言："鳌峰书院者，全闽育才之奥区也。自清恪张公以后，人师经师比肩接踵。而张惕庵、林青圃、郑西霞、孟亦园、游彤卣、陈隐屏十数公，其门墙尤美；远则文勤蔡公，近则文忠林公，于肄业尤为有光。"② 鳌峰书院与清初闽省的理学复兴关系密切。然而，乾隆以后，随着理学的衰落，以及乾嘉汉学的兴盛，这股风气也逐渐影响鳌峰书院。在张甄陶、纪昀、朱筠、朱珪、郑光策等人的提倡下，汉唐注疏之学以及经世致用思想逐步在鳌峰书院萌发。尤其在道光年间闽省硕儒陈寿祺掌教时，受阮元创办浙江诂经精舍和广东学海堂、培养经史实学之风的影响，他有心以鳌峰书院为基地，在福建培植朴学经世的学风。陈寿祺不拘一格的施教作风，进一步推动书院学风的变迁，使得经世之学、经史考证之学以及诗赋古文之学等在鳌峰书院蔚然勃兴，形成嘉道年间鳌峰书院诸学并举、各式人才层出不穷的局面，一时之间，鳌峰书院俨然成为当时闽省学风转变的重心。

---

① 以往学界对鳌峰书院以及嘉道闽省学风的变迁的相关论著较罕见，据笔者所了解，主要有：许维勤：《论鳌峰书院及其对闽台教育文化的影响——兼及闽台学缘》，《福建论坛》（文史哲版）2000 年第 6 期；史革新：《陈寿祺与清嘉道年间闽省学风的演变》，《福建论坛》2002 年第 6 期；黄新宪：《清代福建书院的若干特色及当代价值》，载朱汉民主编：《中国书院》第 5 辑，长沙：湖南教育出版社 2003 年版；徐晓望主编：《福建文化思想史纲》，福州：福建教育出版社 1996 年版；王建梁：《清代书院与汉学的互动研究》，北京师范大学博士学位论文，2002 年，Suzanne Wilson Barneet. Foochow's Academies: Public Ordering and Expanding Education in the Late Nineteenth Century，《"中研院"近史所集刊》1987 年第 16 期。

② 谢章铤：《送林锡三之海东书院序》，载谢章铤：《赌棋山庄全集·文集》卷二，台北：文海出版社 1974 年版，第 104～105 页。

一、嘉道以前的鳌峰书院与福建学风

嘉道以前的福建朱子学经历了清初的短暂复兴后，逐步走向没落。省内除了少数学者墨守朱子学，有意识地抵制正处兴盛的乾嘉汉学，闽学界基本处于学术边缘地区。省内仅有雷鋐等人承袭李光地、蔡世远的学说，为当世推重。另外，建宁的朱仕琇以古文颇得时誉。"乾隆间，则建宁朱裴瞻（仕琇），能为古文，朱筍河亟称之，而汀州雷翠庭（鋐），则继李、蔡治理学。"[1]本来清初福建朱子学的复兴与官方的大力扶持密切相关，造成时人所治的朱子学多为抱残守缺，没有真正的创新，随着朝廷政策的改变，闽省理学的没落也就不可避免。陈庚焕曾言："此则流风余韵浸以销歇，间有诵法朱子者，或迂闻而无当，或浮慕而失真，其或跬行孔语，身败名裂……而闽学微矣。"[2]

学风的转变，除了与其自身内在的发展变化有关，很大程度上也受时代的影响。在经历一段相当鼎盛的时期后，乾嘉之际，清王朝逐步显出衰世之态，权臣擅政，吏治腐败，加之人口剧增，土地兼并恶性发展，社会上出现了大批流民，新的社会问题不断涌现。而有清一代的福建省在经济社会各方面基本都处于落后状态。社会问题重重，乡间械斗，结匪抢盗等一直相当盛行。痼疾新病交织，促使闽省学者关注现实，思想逐步由虚空转入务实，如郑光策、谢金銮、陈寿祺等人，都致力于经世之学，究心民间疾苦，希望改变当时无实无用，唯利是图的衰恶士习。[3]这

---

[1] 梁启超：《近代学风之地理的分布》，载梁启超：《梁启超全集》第7册，北京：北京出版社1999年版，第4273页。

[2] 陈庚焕：《闽学源流说》，载陈庚焕：《惕园初稿》卷五，清刻本。

[3] 参见龚书铎：《清嘉道年间的士习和经世派》，载龚书铎：《中国近代文化探索》，北京：北京师范大学出版社1997年版，第94～95页。

样，经世思潮在乾隆末年后逐步在福建兴起，并促进学风由虚转实。

在经世致用思想萌发的同时，有志士人在嘉道之际力图转变墨守朱子学的状况，重振福建学界。此时乾嘉汉学对福建学界的影响开始显现。乾隆时，纪昀与朱筠、朱珪兄弟先后视学福建，组织读书社，培养通经崇古之士。在他们的扶持下，闽省开始出现向学考证之学的学者。这个风气延续到嘉道年间，经陈寿祺等人的大力倡导，福建终于出现了一批致力于考据经史之学的学者。而古文、诗赋等风气也渐兴盛起来，这些都显示了嘉道年间闽省学风的变迁。谢章铤曾说："吾闽自龟山得道南之统，而集大成于考亭，数百年来一以朱学为职志，读四子书内外注，不敢磋跌一字。……延至乾隆中叶，纪文达、朱文正相继视闽学，以淹洽倡庠序。于是高才辈出，星联霞蔚。"在闽省巡抚、学政和部分学者的提倡与身体力行的努力下，士人通过组织治学团体如读书社、殖榭（社）等活跃学术氛围，研究经史考证之学、经世致用之学，以及古文、诗赋等，闽省的学风开始转变。到了嘉庆初年，陈寿祺等人在京城师从于汉学大师钱大昕、段玉裁等人，与各地汉学后进相互问学，确立其汉学的治学志向，并有所作为："最后陈恭甫侍御出，以沉博绝丽之才，专精许、郑，建汉学之赤帜。先导者为林畅园、郑西霞诸公，羽翼者为万虞臣、萨檀河、谢甸男诸公。……嗟乎！千里同声，一何盛也！"①谢章铤这段话描绘了嘉道间福建学风由独尊朱子学到汉宋并重的转变，以往这个学风的变迁多为研究者所忽略。

---

① 谢章铤:《西云札记序》，载谢章铤:《赌棋山庄全集·文续集》卷一，台北：文海出版社1974年版，第485～486页。

鳌峰书院作为闽省文教中心，在新学风萌生的过程中有着不可忽视的作用。福建的鳌峰书院是理学名臣张伯行在康熙四十六年（1707 年）创建的。它开始即是作为全省性的大书院问世的，称得上是全国第一流的大书院。在巡抚张伯行的努力下，书院汇集了清初闽省学行兼优的学者生员，成为复兴闽学的重要基地。来自朝廷和地方巡抚学政的有力支持，使得鳌峰书院在师资、生源、资金等各方面所受的优越待遇都是闽省其他书院无法比拟的。特别是在很长的一段时间里，鳌峰书院是闽省唯一的全省性大书院，这奠定了它作为该省文教中心的地位。有清一代鳌峰书院培养出的人才很多，其中有很多著名的闽籍官吏学者，如蔡世远、雷鋐、张甄陶、孟超然、郑光策、陈寿祺、梁章钜、林则徐、张际亮、林昌彝、刘存仁等。鳌峰书院历任山长几乎都是有很大名望的学者，加之鳌峰书院所具有的地位，使得书院所倡导的教育学术思想对本省其他书院和学者有着较大影响，从而进一步影响全省学风。鳌峰书院一直存在到清末，在学堂改革时期被改成福建法政学堂，后成为福建师范学校的前身。鳌峰书院在清代闽省学界的地位不可忽视。这是本文以鳌峰书院作为考察对象的重要原因。

早在乾隆四十二年（1777 年）张甄陶掌教书院之时，已经在书院埋下讲求汉唐注疏之学的种子。① 而后纪昀等人通过鳌峰书院，网罗了一批有志于经史考据之学的学人，让他们利用书院优越的资源研习汉学，为福建汉学的发展起到重要的推动作用。其中朱珪与鳌峰书院的关系最为密切。由于在任福建学政之前，他

① 参见游光绎：《鳌峰书院志》卷二，祠祀，载赵所生、薛正兴主编：《中国历代书院志》第 10 册，南京：江苏教育出版社 1995 年版，第 298 页。

曾先后任福建粮道、按察使，且于乾隆四十四年（1779 年）主持福建乡试，对福建的情况较为了解。乾隆四十五年（1780 年）继其兄任福建学政后，采取了一些措施，力图改变闽人在学术方面的落后面貌。谢章铤说："国初吾闽不矜淹洽经书，时文以外多置不理。自朱石君珪督学，以通博倡庠序……列郡靡然从风，而俗习一变。"① 还在任粮道观察使时，朱珪就曾以粮储观察身份管理鳌峰书院（据院志，粮道负责书院院产及经费，并参与课士），在诸生中"拔时髦二十八人，令联一社，曰读书社，授以治经作文之法"②。明清福建学者本有结社的风气，朱珪倡联读书社，在闽省传统的饮酒作诗之会中，融入经史考据之学，使文会成为学人研习交流各种学术的处所，促进福建学风的转变。③ 在读书社内，社人各就其性情所近，从事不同的学问："或好宋儒言性命之学，或好求经世之务，或耽考订训诂及金石文字，又或旁及二氏，如斯明有美允默，皆有逃禅之癖。而述善则尤喜导引吐纳家言。儒林文苑之间，杂以仙佛，命俦啸侣，不名一格焉。"④ 读书社自乾隆三十年（1765 年）到乾隆四十四年（1779 年）间颇为活跃，社员中人才辈出，治学倾向较为广泛。孟超然是乾隆年间闽省最有名的程朱学者。郑光策则以开创嘉道以后闽省经世致用之学著名。龚海峰、林樾亭既以诗文闻于时，也长于

---

① 谢章铤：《围炉琐忆之一》，载谢章铤：《赌棋山庄全集·笔记》，台北：文海出版社 1974 年版，第 2426 页。

② 谢章铤：《课余续录》卷二，载谢章铤：《赌棋山庄全集》，台北：文海出版社 1974 年版，第 3038 页。

③ 参见谢章铤：《课余续录》卷二，《赌棋山庄全集》，台北：文海出版社 1974 年版，第 3090 页。

④ 郑光策：《林樾亭乔荫六十寿序代郑存敦作》，载郑光策：《西霞文抄》卷上，清刻本，第 61 页。

经史考据之学。林樾亭所治礼学被陈寿祺称为"盖陈氏（光地）之支裔"，是乾隆年间在福建萌生汉学的代表人物。读书社的出现是嘉道以前闽省学术界分化的前兆。黄保万认为读书社"打破了康熙以来复兴理学的樊篱，不同学术见解，自由争辩"。①朱珪组织读书社目的也在于为培养汉学萌芽创造条件。继读书社而起的是殖榭："读书社颇零落，则陈恭甫又倡以实学，名曰'植社'。盖取不殖将落之义。"②陈寿祺曾记曰："往寿祺与同人倡为通经复古之学，以时群集课业，命曰殖榭。"③相较于读书社，殖榭诸生更专于"通经复古之学"，士人学风转变可见一斑。殖榭所出人才亦不少，陈寿祺后来蔚为一代经师，其他如谢震、万世美、林一桂皆治考据学，尤见长于治礼学。陈寿祺等人为了应对闽省世俗人心日益变坏的趋势，"以为善风俗在正人心，正人心在厉行义、尊经学"，在福建进一步倡扬经学研究，于是新兴的汉学风气与旧有深厚的朱子学传统结合，最终形成典型的汉宋并重的治学风气，从而正式开启乾嘉之后福建学术界汉宋并重的新风尚。④

---

① 徐晓望主编：《福建思想文化史纲》，福州：福建教育出版社1996年版，第220页。

② 谢章铤：《课余续录》卷二，载谢章铤：《赌棋山庄全集》，台北：文海出版社1974年版，第3089页。

③ 陈寿祺：《赠林丈敬庐序》，载陈寿祺：《左海全集·文集》卷六，清道光年间陈氏刻本，第28页。

④ 徐晓望主编：《福建思想文化史纲》，福州：福建教育出版社1996年版，第220页。

二、陈寿祺与嘉道间的鳌峰书院的学术与教育

作为一省育才与学术重地，鳌峰书院在嘉道学风变迁中有着重要的地位与影响。郑光策、陈寿祺等学者把掌教鳌峰书院作为他们力挽颓废之习、实现振兴福建学界的抱负的契机。开启嘉道鳌峰书院改革之风的是第 22 任山长郑光策。① 他在院中倡导经世致用之学，培养了林则徐、梁章钜等有为弟子，被视为嘉道间闽省经世致用之学的首倡者。但郑光策掌院仅三年就去世了，继任者游光绎疏于管教，书院各种不良之风再现且日益严重。② 张际亮曾描述过游光绎掌教时的情形："惟待士流于宽弛，不亲督课文艺，颇寄兴博塞，致稍损其声望。"③ 因此，道光初年，新任叶世倬接任福建巡抚，不满游光绎的疏纵，上任伊始即改聘陈寿祺接掌鳌峰书院，以期重振书院学风。

---

① 郑光策（？—1804 年），字琼河，又字苏年，闽县人。曾因触犯和珅辞官返里，遂全心研治经世之学。郑光策掌教鳌峰书院三年（1802—1804年）。

② 游光绎，字彤卤，一字硧田，霞浦人，乾隆三十年（1789 年）进士。游光绎前后掌教鳌峰凡二十年。

③ 张际亮：《游光绎传》，载张际亮：《交旧录传》，民国手抄本。又：张际亮曾两次入肄业鳌峰书院，第一次肄业时，值游光绎任山长，书院管理松弛，院生专攻八股举业，张际亮十分不屑，失望而归；陈寿祺接任山长后，张际亮慕名再入书院，颇得陈寿祺赏识，为高第弟子。前后两次书院风气截然不同。以往叙述张际亮在鳌峰的肄业经历时，大都语焉不详，容易使人忽视书院对张际亮的影响。（参见张际亮：《游光绎传》，载张际亮：《交旧录传》，民国手抄本；陈衍：《福建通志列传·张际亮》，台北：大通书局 1987 年版；王俊义：《张际亮的诗文与爱国思想》，载王俊义：《清代学术探研录》，北京：中国社会科学出版社 2002 年版等。）

1. 陈寿祺其人及其对书院管理制度的改革

陈寿祺（1771—1834 年），字恭甫，又字苇仁，号左海，又号珊士，晚号隐屏山人，闽县人。嘉庆四年（1799 年）进士，选庶吉士，散馆授翰林院编修，曾充广东、河南乡试考官，授记名御史。弃官归籍后，先后主讲清源、鳌峰书院。陈氏博学多才，学术造诣深厚，经学、小学、文辞学等靡不深究，著述颇丰。陈寿祺出朱珪门下，与张惠言、许宗彦、吴才鼎等同年，又与乾嘉名士钱大昕、段玉裁、王引之、阮元等交游切磋，在清代学坛有一定的影响。归里讲学后，陈寿祺有心振兴乡学，改变乾嘉以来闽学衰微、人心日鄙、士习日媮的情形。他在掌教清源时，即"校艺外与诸生言修身厉学……诸生其多师于古，益亲以笃习，于礼益辨"。①清源书院风气一新，门下王捷南、陈庆镛皆有学之士。接掌省会鳌峰书院后，陈寿祺试图利用省会书院的影响来实现振兴福建学术的愿望。他在给阮元的信中说道："寿祺深忧桑梓人心风俗之敝，而德薄能浅，末由劝导，幸得贤大吏为之整率，私以回挽颓波在此一举。失今不为，沦胥何届？"②道光二年（1822 年）正式接掌书院后，陈寿祺即给巡抚叶世倬上书，阐述他对闽省士风人心的担忧，并阐明掌教主张："以为善风俗在正人心，正人心在厉行义、尊经学。"③另作《义利辨》《科举论》《知耻说》三篇警示诸生，并宣言："士学古立身，必先重廉

---

① 陈寿祺：《泉州清源书院先贤祀位记》，载陈寿祺：《左海全集·文集》卷八，清道光年间陈氏刻本，第 13 ~ 14 页。

② 陈寿祺：《上仪征公夫子书》，载陈寿祺：《左海全集·文集》卷五，清道光年间陈氏刻本，第 30 页。

③ 陈寿祺：《上仪征公夫子书》，载陈寿祺：《左海全集·文集》卷五，清道光年间陈氏刻本，第 29 页。

耻而敦礼让。廉耻重而后有气节，礼让敦而后有法度，文艺科名抑其末也。"①陈寿祺的建言既是针对游光绎掌教时书院的种种痼疾，也是他振兴闽省学风的想法。他的主张得到叶世倬的支持。

陈寿祺在鳌峰书院所采取的措施大体有如下几条：其一，变革招生方法。改变以往单据考课文艺决定优劣的招生方法，加强对考生品行的甄别。在全省树立勤心向学向行的榜样，使"负笈者观感而奋兴，挟荚者闻风而交劝"，振奋全省之士，以达到回挽日益颓废的士风。②其二，严格规章。针对游光绎掌教时出现的"宽纵无忌，衣冠不齐，出入无禁，礼法沦弃，罔识检押"等情况，要求"严设规条，豫张告诫，约束坚明，使士皆范围于矩镬之中，优游于逊悌之路"。③其三，崇经学、厉行义。陈寿祺改革书院旧有考课章程，"以师课之一兼课经史、古文词"，以此"宜可兴倡实学，搜获异才"④。改变书院生员专习八股的情况。其四，崇礼貌，厚赏优异。陈寿祺认为朝廷"既以养贤育才为名，则不可不崇礼貌以劝之"。建议"拔萃出群、好学不怠者，倍其廪饩，优其奖赏"。⑤其五，严格监院人选。监院乃院

---

① 陈寿祺：《示鳌峰书院诸生》，载陈寿祺：《左海全集·文集》卷三，清道光年间陈氏刻本，第18页。

② 陈寿祺：《与叶健庵巡抚书》，载陈寿祺：《左海全集·文集》卷五，清道光年间陈氏刻本，第40～41页。

③ 陈寿祺：《与叶健庵巡抚书》，载陈寿祺：《左海全集·文集》卷五，清道光年间陈氏刻本，第41～42页。

④ 陈寿祺：《与叶健庵巡抚书》，载陈寿祺：《左海全集·文集》卷五，清道光年间陈氏刻本，第42页。

⑤ 陈寿祺：《与叶健庵巡抚书》，载陈寿祺：《左海全集·文集》卷五，清道光年间陈氏刻本，第43页。

长左右手，其优劣和尽职与否相当重要。陈寿祺建议仿照以往做法，"常设两学掌择试用，令学问优者为之，陈勾山其一也"①。另外，陈寿祺鉴于以往设斋长一职容易在院生中引发纠纷，建议取消斋长之名。

因为鳌峰书院诸生早已习惯疏纵的生活，苟骤行严规，必会产生不小的怨言，所以山长的权威必须得到巡抚的鼎力支持，才能保证新的措施得到施行。另外，前任掌教游光绎是被巡抚叶世倬解聘的，这对于山长树立威信很不利，如果巡抚对改革还有不满意的看法，难保不会再行解聘山长之权。所以陈寿祺先行约法三章，为在书院施行变革奠定权力基础。后来的情况也表明陈寿祺此虑颇有先见之明。

鳌峰诸生长期溺于俗学，故陈寿祺起初严格院规时，诸生并不驯服，陈寿祺曾在与友人信中谈到改革初期遇到部分学生的抵制："不学之徒怨谤纷起，上下之间动多室阂。"②他在给林则徐信中也提到："顷与大府商榷取士之法，先访举学行而后考察文艺。……乃事甫发檄揭示，而不学者已谤议纷纷，人情狃于苟安，难与虑始，殆可浩叹。"③为了使其革新措施顺利得到推

---

① 陈寿祺：《与叶健庵巡抚书》，载陈寿祺：《左海全集·文集》卷五，清道光年间陈氏刻本，第43页。又：陈寿祺掌教书院时，监院都是经过严格挑选的。据刘家谋回忆跟随陈寿祺在书院求学时，陈震耀任监院。陈震耀就是一名关心社会民生的典范。适逢福州米贵，陈震耀上言掌教陈寿祺，请大府弛海禁，让台湾的大米内运数万石，缓解了福州的米困。（参见刘家谋：《奉陈星舟（震耀）丈》，载刘家谋：《观海集》卷四，台北：台湾省文献委员会1997年版。）

② 陈寿祺：《上仪征公夫子书》，载陈寿祺：《左海全集·文集》卷五，清道光年间陈氏刻本，第29～30页。

③ 陈寿祺：《与林少穆兵备书》，载陈寿祺：《左海全集·文集》卷五，清道光年间陈氏刻本，第52页。

行，陈寿祺主动提出借用"学使惩罚之权"，确立山长在书院的相对权利。"徒善不足以为政，徒法不能以自行，其要又在大吏及山长相与有成而已，而学使惩罚之权亦不得不假之以行也。"① 在巡抚叶世倬的支持下，陈寿祺经过一番努力，最终使其措施得到推行并渐显成效："鳌峰近日规矩颇肃，旧习顿除，然稂莠犹有间厕其中者。"②

纵观陈寿祺的改革方案涉及书院教育与管理的各个方面，相当全面和具体，透露出他力图通过改造省会书院来实现他振兴福建学界的深谋远虑。

陈寿祺在鳌峰掌教直到去世，前后共十二年。林春溥继任掌教。③ 他主掌鳌峰时延续了陈寿祺的做法，"教人务敦本，重立品，衡文亦必以法度……在鳌峰最久，匠成者盖不下数百辈焉"④。由此，鳌峰书院在嘉道年间的学风转变大体表现在经世之学和经史考证之学兴起，并逐步形成诸学并举的气氛。

2.学风变化的三项特点

在陈寿祺等人的倡导下，嘉道之际的鳌峰书院逐步形成了注

① 陈寿祺:《与叶健庵巡抚书》，载陈寿祺:《左海全集·文集》卷五，清道光年间陈氏刻本，第 43～44 页。

② 陈寿祺:《答林少穆按察书》，载陈寿祺:《左海全集·文集》卷五，清道光年间陈氏刻本，第 53～54 页。又：王建梁根据陈寿祺在前与阮元信中感慨书院改革难行，断定陈寿祺的努力没能成功。但是从陈寿祺前后给林则徐的信中所述，以及在鳌峰的教士成就。应该说，陈寿祺的努力是有一定成效的。(参见王建梁:《清代书院与汉学的互动研究》，北京师范大学博士学位论文，2002 年，第 129 页。)

③ 林春溥(1775—1861 年)，字立源，号鉴塘。嘉庆七年(1802 年)进士。长于史学。

④ 林春溥:《墓志铭》，《竹柏山房十五种》卷首，清道光十五年(1835年)竹柏山房刻本，第 2 页。

重经世致用之学、热衷经史考证的风气。书院汇集了一批向心实学的士人，尤其张际亮、林昌彝等省内一流诗人聚集于鳌峰陈寿祺门下，也使古文诗赋之风蔚然勃兴。各种学风相互促进，在经世实学的带动下，最终形成以倡实学、汉宋并重、诸学并举为特点的新学风。

（1）从务俗学到倡实学

乾嘉以后，鳌峰书院举业渐盛，院中诸生专习八股帖括之学，书院变成专营考课举业之所。① 而郑光策认为在书院应以治学修身为重："夫国家建立书院，所以辅学校而成教化……古大儒与其同志商榷至道，潜修鸿业。所以上绍往圣，下开来学。内以淑身，外以经世，往往由此。故其所系为甚重。"② 郑光策把"经邦济世"之学作为其治学与教学的宗旨。提出："古之为教者必讲明夫修己治人之术，经邦济世之方，可以坐而言，起而行。"③ 由此，为改变这种风气，郑光策首先开创嘉道鳌峰书院经世致用学风。陈寿祺也希望恢复书院治学修身的传统，重振实学风气。

陈寿祺把培养实学人才作为其育人目标，为了改变书院长期疏于治学、专心科举的情况，特意制定《鳌峰崇正讲堂规约八则》，里面专门开列了详细的书单让院生在藏书楼潜心钻研。里面专门开列了经济书籍一门，让有志经世的学生潜心研读，掌握

---

① 参见《鳌峰书院志》卷六，科目，第312页。另：刘海峰、庄明水：《福建教育史》，福州：福建教育出版社1996年版，第192～198页。

② 郑光策：《募修越山书院序》，载郑光策：《西霞文抄》卷上，清刻本，第40页。

③ 郑光策：《拟欧阳文忠本论》，载郑光策：《西霞文抄》卷上，清刻本，第12页。

致用之学。陈寿祺希望学生开阔眼界，成为"处可立言以传世，出可敷政而佐时"的通经致用之才。①

另外，陈寿祺正式在规章中在师课中加入古学、经解、史论、杂体诗赋，以促进学生学习的积极性。②这一改革扭转书院因专科举时艺而荒弃经世有用之学的现象，树立崇尚实学的风气。

除了加课经史实学，陈寿祺还充分利用鳌峰书院丰富的藏书，并把自己的藏书拿出来，分门别类指导诸生博览群书，"欲其讨论古今，通达时务，以为穷经致用之本"③。同时开出一份相当详细的书单指导诸生读书路径。④若按这份书单所开书籍用心讲究，研经考史，探索典训，再加上陈寿祺的悉心指导，不出数年，也必可成为辨是非、穷变化、通时务的通儒。即使是以专门之学为目标去积书探讨，也会有得于心，成为大学问家。⑤也正是如此，陈寿祺的《鳌峰崇正讲堂规约八则》在福建许多地方被人传抄，成为学子治学的指南。⑥林昌彝自言从学于陈寿祺时，师发书与之，使之受益匪浅，其经学实自陈寿祺启之，"余

---

① 参见陈寿祺：《鳌峰崇正讲堂规约八则》，载陈寿祺：《左海全集文集》卷十，清道光年间陈氏刻本，第58页。

② 参见陈寿祺：《鳌峰崇正讲堂规约八则》，载陈寿祺：《左海全集文集》卷十，清道光年间陈氏刻本，第58页。

③ 林昌彝：《恭请陈恭甫先生入祀鳌峰名师祠》，载林昌彝：《林昌彝诗文集》卷十五，上海：上海古籍出版社1989年版，第340页。

④ 参见陈寿祺：《鳌峰崇正讲堂规约八则》，载陈寿祺：《左海全集·文集》卷十，清道光年间陈氏刻本，第61～63页。

⑤ 参见陈谷嘉、邓洪波主编：《中国书院制度研究》，杭州：浙江教育出版社1997年版，第203页。

⑥ 参见杨浚：《陈恭甫太史鳌峰崇正讲堂规约》，载杨浚：《岛居续录》卷五，第1～4页；同治年间创建的省会致用书院也沿用了陈寿祺在鳌峰书院制定的学规。

之知读书者，陈恭甫师之所铸也"①。

作为一院之长，郑光策、陈寿祺等也关心闽省时政，热心当世之务。郑光策在鳌峰书院培养的林则徐、梁章钜、李彦章等弟子都是嘉道年间有名的经世之才，他的主张在林则徐和李彦章的吏治思想中都有所体现。②

陈寿祺同样热心乡梓时务。他曾上书阮元、叶世倬等阐述嘉道间福建的诸种社会问题，即米价过高、乡间械斗、盐枭之乱、花会盛行，并认为吏治腐败乃是闽省的首要问题。③对闽省的弊政可谓有着全面细致的了解与分析。陈寿祺的经世致用思想同样影响了他的学生。门下如陈庆镛、张际亮、林昌彝、刘家谋、林寿图等都有很浓的经世思想。陈寿祺及其弟子和林则徐、梁章钜等人多有过从，以师友相互目之，相互鼓励，使闽省在嘉道之际成为主张经世致用思想的主要区域之一。

继陈寿祺之后，林春溥掌教书院时，同样关心地方利弊。嘉道间经世致用思潮在鳌峰书院是相当浓郁的。

（2）从尊朱学到汉宋并重

陈寿祺给书院带来的一个显著变化就是提倡经史考据之学，培养有志于通经致古的弟子。陈寿祺把崇尚经学的看成扭转学风的一个重要途径，他认为："若夫士子读书，患在学无师法，墨守讲义，猎取浮华，而不知为通经复古之业。"陈寿祺曾把提倡福建经学风气的希望寄托于以扶持汉学闻名的阮元身上，后来因为

---

① 林昌彝：《海天琴思续录》卷一，清同治八年（1869 年）广州刻本，第 24 页。

② 参见徐晓望主编：《福建思想文化史纲》，福州：福建教育出版社 1996 年版，第 230～233 页。

③ 参见陈寿祺：《上阮侍郎夫子书》，载陈寿祺：《左海全集·文集》卷五，清道光年间陈氏刻本，第 3～4 页。

阮元拒绝夺情督闽而作罢，但我们可以从来往信件看出陈寿祺很希望阮元来闽，以改变福建汉学研究落后的局面。①

鳌峰书院与清代福建朱子学的复兴关系极其密切。乾嘉以后，书院崇尚理学的风气逐渐消退。同时，在张甄陶、朱珪等人的影响下，汉唐注疏之学逐渐在鳌峰书院兴起，改变了书院独尊朱子学的局面，成为嘉道间鳌峰书院学风转化的一个主要内容。

鳌峰书院由尊崇程朱之学到提倡汉宋并重的转化是在陈寿祺掌教时完成的。陈寿祺学宗汉学，但不排斥宋学，主张汉宋兼学，称得上是一位"兼汉宋、博古今的通儒"。②他早年在鳌峰书院跟随理学名家孟超然，后出汉学名臣朱珪门下，再入阮元幕府。所交游的学者如张惠言、许周生等，都是嘉道汉学新风气的倡导者或实践者。③陈寿祺的学术观点跟他们相近，对汉学的流弊也深有体会。④他把崇尚经学研究作为回挽士风的重要方法，这是他学术经世主张的一个体现。陈寿祺掌教鳌峰书院后，把"崇经学"作为设教之要："李文贞言其乡实学衰歇，至明季而大敝，欲兴之者，舍崇经学、厉行义则无望复古矣。"⑤因此，陈寿祺一方面加课经史、古文、诗赋，一方面注意收罗培养有志于经

---

① 参见陈寿祺:《上阮侍御夫子书》，载陈寿祺:《左海全集·文集》卷五，清道光年间陈氏刻本，第 4 页。

② 史革新:《陈寿祺和清嘉道年间闽省学风的演变》，《福建论坛》2002 年第 6 期。

③ 参见陈居渊:《论乾嘉汉学的更新运动》，《中国史研究》2002 年第 4 期。

④ 钱穆:《中国近三百年学术史》，北京：商务印书馆 1997 年版，第 629 页。

⑤ 陈寿祺:《与叶健庵巡抚书》，载陈寿祺:《左海全集·文集》卷五，清道光年间陈氏刻本，第 42 页。

学研究的后进，逐步在鳌峰书院培养起崇尚经学的风气。

为了消除诸生惧怕读经的畏难心理，陈寿祺在规约中特意讲明研习经史有助于科考，并不比专攻八股制艺难。[①] 为敦促诸生勤学经史，陈寿祺分发程簿册，让诸生"按日所读经史古文等，照式填写课程簿，每逢十日汇呈讲堂，酌召面加考验"[②]。陈寿祺指导学生非常细致："先师讲学，必详经说，深于传注诂训。时稽诸生所习业，为之厘正句读、辨订伪误、详究音韵、分别训义。诸生执经问难，无不为之考核是非，折中群说，缕析条分，明辨以晰。"[③] 即使诸生肄业后，陈寿祺仍常在来往信中敦促学生学习，指导治学门径。陈庆镛曾提到陈寿祺离泉掌教鳌峰书院后，"尝屡以手教来，命稽识达旨，务得古人堂奥，而于经师中许、郑尤宜容仰。然益苦其艰而未有以得也"[④]。

在陈寿祺的苦心栽培下，其门下弟子如孙经世、陈庆镛、林昌彝、王捷南、张冕在经学考据上都有所成。他们在治学上一个共有的特点是以宗汉学为主，而道德修养兼学程朱。孙经世"治经不名一家，以宋儒义理之说体之于身，而超然心契其微，又深探训诂声音文字之原，而求之于经，能明大义"。谓："不通经无

---

① 参见陈寿祺:《鳌峰崇正讲堂规约八则》，载陈寿祺:《左海全集·文集》卷十，清道光年间陈氏刻本，第59页。

② 陈寿祺:《鳌峰崇正讲堂规约八则》，载陈寿祺:《左海全集·文集》卷十，清道光年间陈氏刻本，第60页。

③ 林昌彝:《陈恭甫师请崇祀鳌峰名师祠事实》，载林昌彝:《林昌彝诗文集》卷十五，上海：上海古籍出版社1989年版，第340页。

④ 陈庆镛:《鳌峰载笔图题辞》，《籀经堂类稿》卷十二，清刻本，第19页。参见陈乔枞:《题鳌峰载笔图卷》"晋江弟子庆镛"一目，清道光手抄本。

以为理学,不知声音、文字之原,无以通训诂。"①陈庆镛尝自书楹语云:"六经宗孔郑,百行学程朱。"②林昌彝曾言:"是两汉名教,得儒经之功,宋、明讲学,得师道之益,皆于周、孔之道,如日之中天,未可偏讥而互诮也。"③清初李光地、蔡世远折中汉宋的态度,在嘉道年间重新得到发扬,并逐渐形成汉宋并重、兼收并蓄的新风气。

道光中叶以后,掌教鳌峰书院的林春溥也是一位"得宋学之醇,而兼汉学之博者"。④汉宋兼采的风气继续在书院得到发扬。

(3)改造古文、诗赋之风气

陈寿祺很注意根据学生的兴趣爱好及特长加以指导培养。门下许多弟子或诗,或考据,或性理,所宗不拘一格。⑤林昌彝回忆陈寿祺教授诗赋时说:"先师论文,必轨正体。精于文章流别,每与诸生讲业,历举汉、唐以来各家诗文集,明辨体裁,详溯源委,以示学者。使择取精醇,用力研究,以收纯熟之功,而归雅正之体。"⑥有如教授经史考据之学,陈寿祺首先开列历代文

---

① 陈金城:《孙惕斋先生行略》,载孙经世:《惕斋经说》,清刻本,第5页。

② 陈庆镛:《籀经堂类稿·旧序》,清刻本,第3页。

③ 林昌彝:《汉宋学术论》,载林昌彝:《林昌彝诗文集》卷十一,上海:上海古籍出版社1989年版,第241页。

④ 林春溥:《墓志铭》,《竹柏山房十五种》卷首,清道光乙未(1835年)竹柏山房刻本,第2页。

⑤ 参见陈康祺:《郎潜纪闻三笔》卷四,载陈康祺:《郎潜纪闻初笔、二笔、三笔》,北京:中华书局1984年版,第723页。

⑥ 林昌彝:《恭请陈恭甫先生入祀鳌峰名师祠》,载林昌彝:《林昌彝诗文集》卷十五,上海:上海古籍出版社1989年版,第340页。

集书目，指明作文路径。①

　　嘉道以后福建古文风气较盛。陈寿祺以一代经师名于世，在古文方面造诣也非凡才。许宗彦曾赞之："近时兼词章、经术而有之，且各极其精者。"②陈寿祺的古文创作受他的经学观影响，偏于汉学家法，重视以经史为根柢。清代闽省最有名的古文家是乾隆年间的漳浦朱仕琇，他曾掌教鳌峰书院十年，对鳌峰书院及福建的古文影响很大。陈寿祺承认朱仕琇的古文成就冠于闽省，但他认为朱仕琇的古文："惜其于经史均无所得，故虽有杰出数百年之才而终不能笼罩群雄，为一代冠者以此也。"③这与他极力提倡的经史致用的主张相一致："寿祺窃以为治文词而不原本经术，通史学而（不）究当世之务，则其言不足以立。"④对于当时一些久负盛名的古文家，陈寿祺略有微辞，认为汪琬、方苞等人的文章"其说经不足臻精微，其致用无以究民瘼"⑤。他推重黄宗羲、全祖望、朱筼、张惠言等名家，说："梨洲、谢山长于史，其气健，皋文长于经，其韵永，白云长于子，其格高，筼河长于马班，其神逸，皆可以为大家。"⑥在陈寿祺眼中，有深厚经

<hr />

　　① 陈寿祺:《鳌峰崇正讲堂规约八则》，载陈寿祺:《左海全集·文集》卷十，清道光年间陈氏刻本，第62页。

　　② 陈寿祺:《德清许周生驾部札》，载陈寿祺:《左海全集·文集》卷首，清道光年间陈氏刻本，第2页。

　　③ 陈寿祺:《与陈石士书》，载陈寿祺:《左海全集·文集》卷四下，清道光年间陈氏刻本，第32页。

　　④ 陈寿祺:《答高雨农舍人书》，载陈寿祺:《左海全集·文集》卷四下，清道光年间陈氏刻本，第37页。

　　⑤ 陈寿祺:《与友人书》，载陈寿祺:《左海全集·文集》卷四下，清道光年间陈氏刻本，第52～53页。

　　⑥ 陈寿祺:《答高雨农舍人书》，载陈寿祺:《左海全集·文集》卷四下，清道光年间陈氏刻本，第37页。

学造诣是最难得的："大较得于经者上也；得于史者次也；得于子者又次之；徒得于文，以为文者下也。要之以立诚为本，以有用为归。"①

陈寿祺在指导诗赋写作时同样重视培养诸生的经史基础与经世实用之功，显现了浓厚的朴学经世色彩。在陈寿祺的门生如林昌彝、张际亮、刘家谋、陈崇砥、陈宝廉、林寿图、曾元澄等人的诗文中，常有读经史感想体裁的篇目。另外，在课试中赋文的内容占有一定的分量，这很能体现鳌峰书院的教学对经史学习的重视。赋对经学水平的要求很高，"名为赋体，终究是枕经就史，贯以文字、音韵、训诂，必须有深厚的朴学基本功才能驾驭自如"②。以培养朴学学者著称的诂经精舍就很重视考课诗赋等文学体裁。③陈寿祺曾在诂经精舍任教过，他重视对鳌峰诸生赋文的锻炼，可能也是受了诂经精舍教学方法的启发。陈寿祺在古文诗赋创作上的主张在闽省得到发扬。咸同年间，福州致用书院掌教梁章钜言："治古文者，治经、治史、治性情而已矣。于经求义，于史求例，于性情求固有之良，而尤以治经为最要。"④嘉道间，福建最杰出的古文家高澍然与陈寿祺有师友之谊，他虽师承朱仕琇，但也推崇陈寿祺之风，其古文重视经史致用，而批评

----

① 陈寿祺：《与高雨农舍人书》，载陈寿祺：《左海全集·文集》卷四下，清道光年间陈氏刻本，第38页。

② 宋巧燕：《诂经精舍的文学教学》，《湖南大学学报》（社会科学版）2003年第3期。

③ 宋巧燕：《诂经精舍的文学教学》，《湖南大学学报》（社会科学版）2003年第3期。

④ 谢章铤：《赠言三篇示及门》，载谢章铤：《赌棋山庄全集·文集》卷三，台北：文海出版社1974年版，第183页。

朱仕琇的古文"经术疏而实用少"。① 重视经史底蕴与经世实用，在嘉道以后，逐渐成为众多闽省学者的共识。

在陈寿祺等人的提倡下，嘉道以后闽省出了许多著名的诗人，如张际亮、林昌彝等，闽诗得到了复兴："自萨檀河、谢甸男、陈恭甫诸先生出，讲求坚光切响，口称盛唐，实近王李。虽余于声而绌于情，而士风为之一变。"② 陈寿祺门下弟子多能诗，当之时，互以师友相称，常以诗相和。在他们的文集中，此类唱和诗多间其中。林纾后来曾言："吾乡当嘉道间，陈苇仁太史为老师大儒持倡闽诗，同时张松廖、林香溪、郑修楼、许秋史诸先生造怀指事，各出其磊落慨慷之气，一时旗鼓张于东南。"③ 可见其时鳌峰书院诗赋之风很盛。

纵观所论，嘉道年间，在郑光策、陈寿祺等山长的努力下，鳌峰书院出现了经世致用、经史考证、诗赋诸学并举的风气，各种人才辈出。而鳌峰书院乃聚一省之粹于一院，其学风的转变既是闽省学风迁变的体现，也在一定程度上推动全省学风的转化。嘉道以后，经世致用之学与汉宋并重风气在福建的出现逐渐改变了原来闽省死守程朱理学、不思进取的学风面貌。这一变化与鳌峰书院学风的变化不无关系。

---

① 高澍然:《答陈恭甫先生书》(三通),《抑快轩文抄》上卷, 陈氏沧趣楼选本民国三十七年(1948 年)校印。另参见陈寿祺:《答高雨农舍人书》(二通), 载陈寿祺:《左海全集·文集》卷四下, 清道光年间陈氏刻本。文集中还有一封《与友人书》, 可能也是给高澍然的信。

② 谢章铤:《又答颖叔书》, 载谢章铤:《赌棋山庄全集·文集》卷四, 台北: 文海出版社 1974 年版, 第 212 ~ 213 页。

③ 翁时稚:《金粟如来诗龛集·叙》, 清刻本, 第 1 ~ 2 页。

三、结语

曾有学者认为同治年间的福州致用书院开启了汉学的先声，笔者综合史实认为，正式开启福建的汉学风气的应是嘉道年间陈寿祺掌教时的鳌峰书院。[①] 嘉道以后，广东、福建、贵州以及河北等原来汉学并不发达甚至无人问津的地区，在阮元等官员或学者的提倡下，汉学有了一定程度的发展。[②] 汉学在闽省的兴起，是汉学在由鼎盛走向衰落过程中，在原有汉学并不发达的边缘地带出现局部回升的体现，它反映了汉学学术地理分布的变化。在这些地区中，书院在引领学风转变方面的作用不可忽视。谢国桢言："自阮文达元，督学浙江时，创立诂经精舍，总督两粤时，创立学海堂。其学以考证经史为宗，兼及天算推步之学。于是士子闻风竞起，所向景从，学风为之一变。……清代考据之风，所由养成，此一时也。"[③] 在嘉道年间闽省学风转换中，出身鳌峰书院的官宦士人起着很突出的作用，从这点来说，鳌峰书院本身学术特征的转变，对全省的学风转变有着很重要的促进作用。乾嘉汉学作为一种专门化程度比较高的学问，没有较好的藏书条

---

① 参见王建梁：《清代书院与汉学的互动研究》，北京师范大学博士学位论文，2002 年，第 129～130 页。陈忠纯：《清嘉道间鳌峰书院的学术特征及其影响》，北京师范大学硕士学位论文，2004 年，第 31 页。

② 参见史革新：《略论晚清汉学的兴衰与变化》，《史学月刊》2003 年第 3 期。

③ 谢国桢：《近代书院学校制度变迁考》，台北：文海出版社 1974 年版，第 2 页。

件、一定水准的学者指引，是很难培养出出色的汉学学者的。①
相对于江浙地区，福建在经济文化领域较为落后，汉学在福建发
展有着很多不利条件。作为一省书院中心，鳌峰书院拥有丰富的
藏书、师资、诸生以及管理优势等。这些为培养汉学考据学的学
者提供了有利的客观条件。陈寿祺等人任教时，书院增加了不少
经史考据方面的书籍，书院的管理得到整治，在山长的循循善诱
下，考据学在书院得到发展。②鳌峰书院肄业的诸生以及其他有
志研治汉学的学者的努力，改变了原来朱子学独尊的局面。所
以，嘉道间的鳌峰书院推动经史之学在福建兴起的引领作用，有
如学海堂之于广东汉学的兴起，这点是不容后人忽视的。

　　经世致用思想是嘉道学风转变的内在动力。陈寿祺提倡崇经
学是学术经世思想的体现。他把经世之学融入经史考证，避免了
乾嘉汉学末流只崇考据、漠视现实的现象。经史考证的学风有利
于经世之学落入实处，以经术辅吏治。经世之学与汉学相结合，
这是嘉道间汉学新学风的一个趋势。嘉道闽省的经史考证与经世
致用学风也融进了古文诗赋创作中，体现嘉道闽省新兴的各种学
风彼此间相互联系、相互促进。以经世实用思想带来的诸学并举
的开放学风改变了往日闽省学人墨守朱子学的被动局面，开阔视
界、活跃思想。林则徐、何秋涛、沈葆桢等人都是晚清开风气之
先的典范，这与务实开放学风在闽省的兴起不无关系。另外，嘉
道间闽省新学风也为以后福建在小学、金石学、史学等领域的发

---

　　① 参见［美］艾尔曼:《从理学到朴学——中华帝国晚期思想与社会
变化面面观》第一章第一节"江南学术界的内外环境"，南京：江苏人民出
版社 1995 年版，第 6～10 页。
　　② 嘉道以后，鳌峰书院增加了不少经史考据方面的书籍，参见《鳌峰
书院志·卷十·继增书目》《鳌峰书院纪略·再继增藏书目录》《鳌峰书院藏
书目录》等。

展，以及同光诗派在福建的出现奠定了基础。总之，探讨嘉道年间鳌峰书院与闽省学风的转化，纠正原来学界对清后期福建学术发展脉络不够确切的认识，将有助于更为全面深刻地理解经世致用学风在当时闽人的思想与学术中的表现及影响，也有裨益于全面了解嘉道以后汉学学风转变的趋势。

（本文原载于《湖南大学学报》（社会科学版）2006 年第 1 期）